この社会で働くのはなぜ苦しいのか

樫村愛子

現代の労働をめぐる社会学／精神分析

作品社

この社会で働くのはなぜ苦しいのか＊目次

第Ⅲ部　福祉・医療――当事者の「恥」と「無意識の罪責感」　153

この社会で働くのはなぜ苦しいのか

——現代の労働をめぐる社会学／精神分析

序章　現代社会における「働くこと」

1　自明性が壊れた社会における「働くこと」

現代社会において「働くこと」は、どのような意味をもっているのだろうか。

若者にとって「正社員」は当たり前ではなく希少価値となった。働くことの挫折から（長時間労働、パワハラから精神疾患を引き起こして）ひきこもりが量産されている。「生活困窮者支援」（稼動年齢者の「（経済的）自立」政策）が周辺事態ではなく社会のマジョリティにも抵触する重要な政策となっている。障害者が社会的包摂の名の下に「ワークフェア」（就労主導型の福祉）へと駆り立てられている。労働者が足りずに女性労働者や外国人労働者を増加させる政策が謳われる（その内実は、彼らを本気で包摂するものではなく、都合がいい労働力調達）。ＡＩ（人工知能）時代で人間の労働システムが根本的に変わっていく（基本はまず首切り）とされる。そんな現在において、「働くこと」の意味を考察するのが本書のテーマである。

私自身の「労働と社会」テーマとの関係は、フランスのプレカリテ問題を起点とした（précarité 不安定さ。二〇〇六年、CPE（初期雇用契約）によって二六歳未満の若者の雇用を、試用期間が二年であり自由に解雇できるとしたことに対する大規模な抗議運動が起こった。『ネオリベラリズムの精神分析』（樫村 2007a）の冒頭で紹介している）プレカリテ社会およびネオリベラリズム社会において問題となるものだった。安定的な「雇用労働社会」（後に見る。それは男性社会でもあった）の解体は、第三の「資本主義の新たな精神」（Boltanski et Chiapello, 1999、本書二四頁参照）が志向した、ヒエラルキーを廃す水平的・ネットワーク的関係、グローバルな社会での移動自由な主体・社会と呼応している。このことはフランス社会では知識人はもちろんサルコジでさえ名指ししていた、既成の秩序を破壊する六八年世代の志向とイデオロギー（「第三の資本主義の精神」）の帰結でもあった。

しかし、この思想（と社会設計）、すなわち「第三の資本主義の精神」が示す思想や社会設計上の主体や社会についての思考において欠けているのは、人間がもともとは非対称な関係（ケア関係）のもとで構成されており、言語や文化も他者から与えられ、他者を媒介に言語や文化と接続する時に、身体や感情とそれをケアしている生活世界が重要であるという認識であった。そして、新しい社会の構築が、ケアを可能にしている生活世界を知らずして解体してしまう危険性を指摘したのが、『ネオリベラリズムの精神分析』（樫村 2007a）や『臨床社会学ならこう考える』（樫村 2009a）だった（とはいえ、あれから一〇年、生活世界はすでに根本的に再編成に入っており、労働はもちろん社会について考える新たな枠組みが必要とされている）。

「労働」は、近代社会という新しい社会編成の中で、社会構造の中核に組み込まれている事象であり、その構造に現在軋みが生じているとしても、この構造を再編成し直すことを考えることは、簡単ではない（それだけ労働は福祉や経済、さらには教育、家族、ジェンダーの結節点である）。現在強力な方策の一つである「ベーシックインカム」（ＢＩ）を例にとっても、さまざまな思惑からの議論がある（保障を掲げる左派的な議論からも、コスト軽減と福祉削減を求める右派的な議論からも、その両方から異なる観点をもって注目されている）。

また、ＡＩやロボットが社会を担いつつある現在、「第三の資本主義の精神」は、単に既成の制度やヒエラルキーを解体し水平でフレキシブルなネットワークを構成するだけでなく、社会の流動化と解体により、人間を象徴性や言語から引き離してＡＩの求めるアルゴリズムへと直結させてそれに適応させていく力や動きをもってきた。

経済の中核を占めるようになったサービス産業は、消費者は「王様」であるという言説のもとで、実際には「消費者労働」（Dujarie, 2008）を含めシステムのアルゴリズムやテクノロジーへと人々を適応させつつあり、ラカンのいう「アクセス可能になった」「見せかけの現実界化」（「象徴性」や、人々を身体や他者と接合する「想像性」を失って、「もの」化）しつつある（樫村 2009a: 73–80）。

そこでは、欲求の即時的な充足が人間を幸福にするわけではなく、社会学のアノミー論（社会的規範が弱まり、人々の欲望が規制できなくなって起こる社会不安についての議論）が指摘してきたように、むしろそれによって人々は不安を増大させ、ギデンズがいうように、再帰性が暴走するアディクション（依存）に陥っていく（アディクションは、人間にとって安定的な装置である「他者」の不在を埋め、「他者」の即時的な代替となっている。すなわち結局のところ、他者に関わる装置が主体には必要であることがわかる）。竹中均（2019）は、自閉症者（非定型発達者）が「反復」に頼るところを、定型発達者は現在「アディクション」に頼るとする。定型発達者を支えていた社会の制度、定型性、恒常性が解体しつつあるからである。ギデンズは高度近代における「関係の純粋化」について指摘したが、竹中は、私たちは親密性が制度（結婚の確実性等）によって守られず、純粋な関係の再帰的維持（自分たちが常に愛し合っていることを確認しながら関係を持続する）という困難なタスクのために、DVなどの暴力に巻きこまれやすいと述べる。逆にそこでは自閉症にはそのリスクはなく、定型発達にとってのアディクションに当たるものが、彼らにおいては、不確実な世界から身を守る「反復性」になると指摘する（竹中 2019: 149）。

そうなれば、AIが自由に人々にアクセスする社会では、非定型発達者＝自閉症者たちにとって、定型発達者と非定型発達者は同じ土俵に載せられるため、定型発達者が自明としたマジョリティ社会から排除されることはなくなり、今までよりも生きやすい社会となるかもしれない。がそれは、形を変えていえば、非定型発達者が抱えていた困難、「情報の過剰」（フィルタリング不能）や「他者の不在」等の危機が、定型発達者にとっても別の形で自身にとって見えやすくなった（ユニバーサル社会になった）ことを意味し、今までのような自明であり意識しなくて済んだ「楽園」から定型発達者が追放されるということを意味する（それを定型発達者にとっての「自由」というのか「不幸」というのかは、私たち定型発達者次第である）。

それは野尻英一たちのいう「定型発達の当事者研究の始まり」（野尻 2019: 365）としての「自閉症学」の始まりでもある。社会の変化に伴う自明性の解体は徐々に進んでいるため、私たち定型発達者は、私たちの自明性の喪失とそれによる「症状」を意識していない（それは、ある時には、貧困者を大量に社会が生んでいるという点だけでない、精神的な「生きづらさ」として現象しているかもしれない）。「自閉症学」－定型発達者の当事者研究の出現は、こうして、「働くこと」も含め、私たちと社会の関係を根本的に相対化して認識し再編成する時期に私たちがいることを示唆している。

しかし、現実には、その認識や意識をもつよりはアディクションに陥り、「見せかけの現実界」に同化－適応し（労働の現場では「過剰労働」）、またはひきこもって、労働および労働と繋がる社会を拒否する。

また、現在のように消費社会の中で消費へのアディクションにおいて主体が形成されている時、待ったなしのグローバルな環境問題も、人々の否認において着手されない状態が続いている。ＡＩに人々が適合していく社会では、環境問題も合理的なアルゴリズムで解決されるとし、そこでは人々は能動性を失い倫理も手放しているかもしれない。

とはいえ、近代の労働が強く結びつく生産至上主義志向は環境問題と抵触するため、むしろ労働なき社会の方が望ましいとする価値志向も現在起こっている。倫理的消費やグローバルブランド大企業への不買運動（Klein, 2009）、グローバル資本主義批判の社会運動等も世界的にネットワーク化されつつある。

もちろん、ここで環境志向は、消費トレンドである、消費の脱物質化、サービス化、情報化とも連動しており、環境と貧困を結び付けて誰一人とりこぼさないとする「ＳＤＧｓ」（Sustainable Development Goals: 持続可能な開発目標）は、被投資リスクを避ける企業経済戦略でしかないとする批判もある。

脱物質的で環境を志向する、新しい価値を伴うさまざまな動きは、こうして、シェアリング、ＳＮＳによるネットワーク、ベーシックインカム、ＳＤＧｓなど、第三の資本主義の精神が示唆したようなネットワーク社会において、流動的で、制度的には不安定である。生存する手段と不正や格差、環境問題を解決する新しい社会的制度といえばベーシックインカムや協同組合的な活動等が起こりつつあるが、代替できる状況ではない。またアイデンティティの問題や社会への所属の点でも、グローバリゼーションと個人化の進む社会で、現在の雇用や労働以外に、これだけ強く社会と結びつく代替的な装置を人々は簡単に見出すことはできない。

本書は、労働が現在と新しい社会においてどのようなものとしてあるのか考察するにあたり、これまでの議論で欠けている、他者との関係で構成される主体の観点において、精神分析の枠組み、およびそれが社会構造と関与する点について社会学の枠組みで考察する。

2 「賃労働社会」の動揺

労働が社会の中核に組み込まれていることを論じたものとして、ここでまず、ロベール・カステルの「賃労働社会」論を確認しよう。すでに私たちの社会が前の社会へと後戻りできないほど、さまざまな社会装置をこの「賃労働社会」として結節させ、前の社会の仕組みを解体していることを歴史的分析を通して示している。

カステル（Castel, R., 1999）は、第二次大戦後に本格的に機能し始めた「賃労働社会」の成立について、現在の賃労働という、安定した労働と社会のカップリングには、社会の根本的な変化が伴ってきたことを指摘している。カステルの挙げた、「賃労働社会」の成立のための条件は以下のようなものである。

①失業という非労働を道徳的・政治的非労働から区別してニュートラルに制定したこと
②テイラー主義に見られる合理化によって、労働者の職務を確定し、時間管理のもとで労働過程を合理化したこと
③賃金を手にすることで労働者が新しい労働者消費規範を身につけたこと
④社会的所有（年金など社会保障）と公共サービス（医療、住宅、教育）により、労働者にも私有財産と同じ効果をもたらす社会的財産を享受させたこと

⑤労働者を労働法で保護し、社会的身分を備えた社会的メンバーとしたこと（宇城 2012）

宇城輝人（2012）は、賃労働者への法的保護と社会保障は、移動を安定させる補助装置として労働と結びついたとし、賃労働社会に見られる脱領土化（従来の共同体からの離脱）は脱関係化（あらゆる関係からの疎外）ではなかったとする。

また移動性と安全の結合は、フレキシビリティの要請と労働者の利益の両方を満たす形で労働市場を合理化したと指摘する。

さらに社会保障や福祉国家の機能において不平等が解消（再分配）されたのは、労働力資源の配置を効率的にするためでもあった。賃労働は従属関係を受容することを意味したが、同時に、労働者にとっては、社会保障の享受と共同体のメンバーとなることを意味した。

しかし今見たように、賃労働関係に入ることは、従来の共同体や社会関係からの離脱も意味している。宇城は、雇用労働は、「雇われて働くこと」を「物」とみなすローマ法文化と、「人格的関係」とみなすゲルマン法文化の結合と見る。

すなわち、労働は、人間が自らを商品と化すことで共同体の紐帯を断ち切って別の場所へ運ぶための梃子であり、かつ同時に、労働共同体から人格として承認されて居場所を獲得するための手がかりでもある。労働が物でしかなければ人間疎外をもたらし、人格的関係でしかなければ、抑圧に容易に転化するだろう。そして労働は社会関係の中にありながら社会関係を超えるものではなくてはならないと宇城は述べる。

このように宇城は、労働と社会の結合において、相反する二つの要素が表裏一体となって伴っていたことを指摘した。

さらに宇城は、昨今労働領域の多数を占めるサービス労働は、そもそも労働法制の保護と規制の外に置かれ続けながらも賃労働に少しずつ包摂されてきたという、周縁的カテゴリーの歴史をもつことを指摘し、そのため、現在も労働関係は不安定であるとする（ここにはジェンダー差とサービス労働の男女格差も背景にあるかもしれない）。その作業の本質部分が日常生活の維持（家事）に近似するためである。さらに、知識労働は、私生活と仕事の境界の曖昧な場にあるため、同様に不安定であるとする。

こうして、現在の労働のサービス化・知識労働化は、賃労働社会の基盤を崩しつつある。

3 労働の道具的コミュニケーション化

またマラッツィ（Marazzi, 1999）のいうように、現在、労働がコミュニケーション化する中、宇城の議論でいうならば、労働の「物」としての機能は弱まり、「人格的関係」の機能が強化されつつある。

しかもそれは、労働保護とは結びつかず、職場で見られる従来の連帯ではなく、企業への「奴隷根性的」忠誠心、あるいは宗教的な洗脳による忠誠心を通した結びつきとなる。

マラッツィは、コミュニケーション的行為（生活世界や政治の領域。ただしアレントは「生活世界」を含意していないだろう）と道具的行為（経済行為）の分離はすでに保てず、「コミュニケーションを道具的に使用することによって、道具的行為とコミュニケーション的行為、直線的方法と多方向的方法、一と多が摩擦を起こすことになる」と指摘する。

コミュニケーション的行為の簒奪、政治の失墜と並行し、流動化－フレキシブルな社会への変化、「労働市場において労働者の社会権が持続的な確固たる法的規範によって保護され、普遍的な妥当性をもつような体制から、経済の要請や偶然性の絶え間ない推移のもとで労働者の権利が徐々にうやむやにされてしまうような体制へ」（Marazzi, 同）の変化の下で、労働は、この、いわば「道具化されたコミュニケーション的行為」となることで、リアルタイムで適応する、ますます（必然的にサービス残業を伴う）強制的なものになる（マラッツィは生産の変化への適応に対する忠誠を示すこの体制を「産業封建制度」と呼ぶ）。それは「全体主義的民主主義」「権利なき民主主義」と呼応しており、（市民ではなく消費者でしかない）人々の嗜好とのリアルの結びつきが、持続的な規範を押し流すからであるとする。

4 労働からの解放とその方法

このような「賃労働社会」の危機あるいは終焉について、労働社会を相対化し、そこからの離脱、価値変化を強く主張するもの、労働社会は歴史的な有限性をもったものであるとして労働中心社会イデオロギーを脱構築しようとするものとして、ドミニク・メダの議論『労働社会の終焉』（Méda, 1995）がある。

メダのいうように、労働は自己実現を可能にし（自分の製作物の中で表現されるので）、社会的絆の中心および土台として位置し、人間が外部や他者と接触することを可能にするという、「労働社会の正統化」の思想は、マルクス主義、キリスト教、ヒューマニズムの労働のユートピア図式の信仰とあいまっている。

一方、ハバーマス、オフェ、ダーレンドルフ、ゴルツ等々が「労働や労働社会の終焉」について議論を提示してきた。これらの議論でもしばしばアレントの「労働」批判が参照されるように、メダもアレントを参照し、「労働社会としての近代社会」を批判的に検討している。

メダは、一八世紀の政治経済学によって労働が発明され、一九世紀に「人間の本質としての労働とその開花」という神話が誕生し、労働の解放よりも雇用を重視する社会民主主義による二〇世紀労働表象が形成されたことを指摘する。そして、労働とは人間の不変の本質として表象されるような「人類学的カテゴリー」ではなく、近代においてその発明が必要になった「歴史的カテゴリー」であることを主張する。

一八世紀半ばに価値秩序が急に逆転し、富が社会の真に追求すべき目的として現れたこの大転換について、メダは以下のような思想の影響を指摘する。すなわち、ウェーバーのいう、地上の活動が高く評価され致富欲の禁止が解除されることになったエートスの議論、ハーシュマンのいう、情念と暴力を回避するものとしての個人的利益とエゴイズムの議論等である。

またデュモン（Dumont, 1985）は、当時、現実の特殊な経済が政治から突然切り離されて自律化したことを指摘する。自然的秩序の崩壊において、自然状態にある諸個人の無秩序な多様性に統一性を与える原理を発見したのが、政治学と経済学であった。

しかも政治学は諸個人が契約によって政治体を組織するが、経済学は富裕欲だけに依拠しそれはあまりに強く共通なのでより確固とした社会機構として存在する。そして富裕欲は、効率性の追求、分業、他人への依存の進化を生む（スミス）。労働はこの社会機構の中心に位置する。社会秩序は、欲求と相互依存のダイナミズム、努力の尺度と比較という二つの側面から労働によって決定されるようになった。

そして、メダは、これらの労働神話を遡り解体していく。メダは、労働は自己実現に努める諸個人が自己目的として追求する目的として出現したのではなく、初めから手段であったという。生産される富を増大し、収入を得るための手段であり、資本家が利潤を獲得する手段である。労働が諸個人によって遂行されるのは飢えに駆られてのみである。労働は初めから効率性の論理に従っていた。

とはいえ、メダは、ここで労働社会のユートピア的信仰について、「労働を魔術から解放する」

という言葉で労働からの解放を指摘しつつも、一方で、その困難も指摘する。その困難とは、カステルが指摘するような、「賃労働社会」が人々を従属状態に置きつつも自由と保障を満たすものであるとした、強固な社会構造の問題だけではなく、主体と社会の関係の問題、社会を動かす原動力（「資本主義の精神」）の問題である。

メダは、そこにおいて、ニーチェやウェーバーの思想の必要性を示唆する。ニーチェは、プラトン学派やキリスト教の世界の背後にも論理的カテゴリーの中にも、恐れであると共に力への意志であり不安であると共に創造的エネルギーである、本源的エネルギーの投入の結果としての合理性、社会秩序、道徳、芸術、文化を見出していた。資本主義の誕生・発展・適応も、資本主義に伴う富や芸術や生産性の驚くほどの増大も、このようにユートピア的なエネルギーが来世から現世に逆流した結果として解釈することができると指摘する。

ゆえに、「労働なくば死」といった過酷な「労働による排除」からの解放を、例えば、ベーシックインカムが可能にするかといえば、ことは単純ではない。人々がベーシックインカムに向かう欲望の構成－新たな「資本主義の精神」が必要となる。

労働の問題は、社会科学的観点や歴史的観点をもって総合的に考察する必要があることは、以上のような議論からもわかるが、特に、労働する主体のエートスや欲望の問題でもあることは重要である。

精神分析理論に依拠する者として、現在のさまざまな理論において十分ではないと思われる、労働が精神分析的主体においてもつ意味を考察したい。労働が、アイデンティティと人々との関係を支え、生存の根幹にありながら、それが崩れつつある社会において、「生きづらさ」として人々(特に若者)に感じられていることを分析する必要性がある。本書はその観点からの分析を行う。

5　資本主義経済と「死の欲動」

本書が依拠する精神分析的観点から見れば、メダが指摘するように、合理性を掲げる資本主義経済の推進そのものが非合理的エネルギーによって支えられていることが示唆される。主体はその経済のもとにある。

ハーシュマンらは人間の破壊欲動(フロイトのいう「死の欲動」)を経済がコントロールすると考えたが、彼らは合理性が非合理的なものをコントロールするとしたのではない。当時の人文・社会科学者、哲学者の方がよほど人間の性《さが》を知っていたのであり、富に向かう欲望やエゴイズムという非合理の力(なぜならそれは生存に閉じた合理的なものではなく、人間の欲望そのものが無定形であるから)に依存する方法もそれ自身危険をはらんでいることに自覚的だった。

資本主義の危機を「死の欲動」の観点から述べ、フロイトをケインズの議論と呼応させながら論じたのは、ドスタレールと、シャルリー・エブド襲撃事件で亡くなり、政治に強い関心をもちまた精神分析に取り組んでいたトゥールーズの経済学者マリス(Dostaler et Maris, 2009)であった。彼らの議論は以下のようなものである。

生産活動、さらには資本の蓄積活動は、目の前の直接的消費を断念し、快楽を引き延ばし、それを将来に迂回させることであり、生産手段の生産は直接の快の享受を断念し、将来により多くの快を得るための廻り道の行為である。経済活動はこうして技術革新と生産性の上昇を目指し迂回路を拡大させていく。だが、この迂回路は、同時に「死の欲動」を増幅させる回路にもなる。それは、より多くの将来の破壊のために現在の破壊を延期することである（斉藤 2017）。「死の欲動」を経済成長および技術革新によって転移させ生き延びてきた資本主義は、現在、凄まじい流動化や規制緩和によって、核、原発、自然危機等々の破局に対するコントロール困難に陥っている。資本主義は、諸国民間の不平等の爆発やバブルの膨張を伴い、バブルの膨張は、労働を犠牲にしたレント（不労所得）を形成している。

現在、新たな投資は、貨幣そのものへ向かっている。貨幣は、フロイト／ケインズのいうように、交換のための透明で、中立的で、平和的なヴェールなのではなく、人間のあらゆる苦悩と欲動を抱え込んでいる。貨幣欲望は資本蓄積を推進する重要な原動力であり、貨幣欲望は極端な不平等をもたらすが、同時にそれは資本蓄積を推進することによって、社会全体の富の増進に貢献してきた。ケインズは、富の不平等な分配と集中こそが資本の蓄積を可能にしたとさえ述べた。というのも、富を手にした富者は、その富を自分の享楽のために消費するのではなく蓄積に振り向けたからである。もし分配が平等に行われていたならば、すべての人々が富を消費に振り向けてしまい、固定資本の蓄積などは起こらなかっただろう。富者がパイを消費ではなく投資に振り向ける動機は、より多くの貨幣を獲得するためである。

ケインズは貨幣愛の消滅と文化の優越を夢想していたが、世界は希少性を、化石燃料や食料にまで発見している。こうして、世界は、フロイトとケインズが「死の欲動」の別名とした、「金利生活者の安楽死」で現在満ちつつある。

6 「資本主義の精神」の不在

資本主義社会のより望ましい変容と主体や社会を結合する回路の機能不全は、ボルタンスキらが述べたような、「資本主義の精神」の不在による。

ウェーバーにおける「資本主義の精神」の定義は、「資本主義の論理にとっての目的性とは異質であるものの、資本蓄積に好適な活動へ企業家を鼓舞する倫理的動機の総体」であった。これを参照し、ボルタンスキとシャペロ（Boltanski et Chiapello, 1999）は資本主義を、「形式上は平和な手段による、資本の無際限な蓄積という要求」と定義した。彼らは、現在の経済や社会の矛盾を解決すべく、「資本主義の新たな精神」という、資本主義を新たに水路づける（死の欲動を迂回する）「理想」やイデオロギーの可能性を考察しようとした。

「資本主義の精神」の歴史については、本書第5章を参照されたいが、現在、あらゆるイデオロギーや思想が引き摺り下ろされ、規範や政治と呼応する、理想的なものが失墜している。「理想」は精神分析的にいえば「ナルシシズム」を抑圧するものだったが、現在の理想は「セレブリティの理想」であるため抑圧されないとシュタインコレル（Steinkoler, 2017）は指摘する。トランプは「セレブリティの理想」であり、制度や社会の信頼の一般的な価値低下に適合した、特殊現代的な理想である。この理想は、享楽を犠牲にするどころか、「超自我」の勝利を意味するものとなっている（資本主義の超自我の命令は「享楽せよ！」である）。さらに、主体は孤独であり、自分の成功にしか関心をもたない。

なぜ貧困にあえぐ右派白人が、金持ちでセレブのトランプを叩かないかといえば、彼らは資本主義を肯定しており、何の旧来のしがらみもなく資本主義のもとでの勝ち組であるトランプは彼らがなりたい理想だからである。シュタインコレルはそこにトランプを応援する人々の孤独を見る。

種々の羨望を絶え間なくかき立てる資本主義は、フロイトのいう「小さな差異のナルシシズム」（近親憎悪的な隣人への攻撃）や他者に対する嫌悪と反感を「死の欲動」として噴出させる。これらの感情は、近代的な資本主義に反するアルカイックな出来事ではなく、精神分析的に見れば、まさに資本主義と呼応する現象である（享楽を命じる「超自我」の専制と、すでにナルシシズムを抑制できない特異な「理想」の審級のもとで）。自然破壊やテクノロジーの暴走やさまざまな危機は、政治におけるリスクとしては、最も卑小な「小さな差異のナルシシズム」という憎しみと、孤独な「セレブリティの理想」を起動させるのみで、現在、政治的解決 -「資本主義の新たな精神」をもたない。そこにある見せかけの集団性は、フロイトやスティグレールのいう「蟻の社会」（自立した個人の連帯が欠如した社会）でしかないだろう。

働くことに関わる生きづらさはこうして、労働が、「賃労働社会」構造と労働の自己実現幻想のカップリングからこぼれ落ち、貧困とアイデンティティの困難（さらにはジェンダー問題）の結節点となっていることから生まれている。★1

第Ⅰ部　若者

――就活の倒錯化と若者の「コミュ障」化

本書第1章、第2章は、序章で示してきたような社会の変化が、若者の現場でどのように現れているかを現象として分析したものである。若者は上の世代と比べても、生活世界の解体のもとで、コミュニケーションと主体の自明性をより失っている。

第1章「『何者』と「就活デモ」を結ぶ線」は二〇一二年度下半期に直木賞を受賞した朝井リョウの小説『何者』（朝井 2012a）について論じた。

日本の「就活」は、終身雇用システムの中で、諸先進国と異なる、一発勝負、人格評価、就社、学歴差別就職である。大学の序列がものをいうので、偏差値の高い大学に入れれば、学生にとって大学はレジャー天国である（昨今は文科省の締め付けと就職の厳しさゆえ、変わりつつあるとはいえ）。『何者』でも、就活前の大学は、社会の中の「アジール」のように描かれている。

一方、学生間の関係については、教養主義の没落により、日本的な場の規範としての「共感価値」（作田（1993）、相互作用の場に緊張をもたらさず、空気を乱さない）が前面化している。とりわけ、現代社会においては、社会における場自体が流動的で不安定であり、「ノリ」コミュニケーションによって能動的・再帰的に維持されなくてはならないものとなっているので、就活を馬鹿にする自分たちのコミュニケーションと就活は矛盾をはらむ。「ノリ」コミュニケーションは、一方では、社会や自分と向き合う「マジメ」な態度からの逃避を可能にしていたため、就活によって、社会や自分と向き合うことを、しかも企業との関係では、ゲームのように、さらにもっといえば（人格）倒錯的な形で余儀なく向き合わされることを、『何者』のセンシティヴな主人公は受け入れられない。教養主義は、規範の弱い日本においては唯一規範の代理でもあったため（それ自体貧しいとはいえ）、教養主義の没落は政治の没落をはじめとした社会との関係の貧困化を意味し、若者たちの社会との回路は閉ざされている。

そして一方では、就活のイベント化のもとで、パフォーマンス先行型、コミュニケーション過剰型で中身のない「意識高い系」学生が目立ち始める。ここから最も取り残されるのは、第2章で詳述する「コミュ障」オタクやスクールカースト最下位の文科系（もともと社会と折り合いが悪く、しかし社会への反省性や距離のために最も社会に有用なはずの）学生である。教養主義の没落とノリ（遊び）コミュニケーションの中で、彼らは「カルト」化させられている（水平的コミュニケーションにおいては、文化資本を前提にする教養は嫌われ排除される）。キラキラ系の「意識高い」学生の方がよほどカルト的なのに（ノリの維持のために空虚な躁状態と儀式が維持されるので）、見た目の「コミュ」能力と就活自体のカルト化という文脈のもとでそれは可視化されない。

この点について本章では、「学生思念体」-「意識低い系」学生たちが、「意識高い系」学生と対決しようとした二〇一一年の歴史的イベントを紹介している。「過剰適応して自己啓発に走る」か、「笑うことで自閉して敗者になりかねない」か、この危うい現在の若者の場所について、このイベントでは、自分たちが「意識高い系」学生を笑う「自閉性」の限界についても反省していた点に新しさがあった。それは、『何者』と通じる批判性をもっていた。

『何者』の主人公は、忌避し続けるだけでは現実に就活戦線からも負けて落伍者になりかねず、また主人公は単に恐怖症のように忌避していただけだったので、それを見抜かれた友達からの批判を受けて、逃避するポジションを維持することはできず、現実の方に一歩踏み出さざるを得ないことに気づく。そしてそれを支えるのは、貧困の中でサバイバルしようとする友人の一人の存在でもあった。自身の自意識の殻を現実の前で打ち破らざるを得ないことに気づくのである。

退避空間も貧しいが、そこから出させようとし待ち受ける「就活」空間はさらに貧しい。それでも、現実を生きるためには、「就活」言説（および行為）の貧しさを超えて、現実の社会と交渉しなくてはならない。しかし、必ずしもそれぞれの企業現場が過酷なブラック職場というわけではない。大学と企業の間に入り、莫大な中間マージンをとるリクルート産業が、むしろ「広告」産業として、両者の情報を隠蔽加工しており、中間産業がない方が健全だという批判も度々なされてきた。むしろ「就職」イベント（広告）化が、就職を幻想化し、また就職恐怖を煽るのであり、朝井は自らが作家として具体的な社会と触れたことのメリットを告白している。

一方、この論文では、よりポジティヴな政治的回路としての歴史的事件であった「就活デモ」や、デモの主催者たちが国会での院内集会開催へとこぎつけ、企業・大学・行政への要望を提出したことも紹介した。企業に対し圧倒的非対称関係にある学生が、「就社」ゆえ人格的支配を受け、場合によっては労働条件も十分示されず、学業をあからさまに犠牲にさせる企業を批判した画期的な活動だった。この就活デモについては証言他の記録が少ない中、渦中で大学生たちのサポートと仕掛けに関わってきた小島鐵也から正確な証言を確認した記録ともなっている。

若者の一定の生活空間・表現空間は、大人になることや就職を拒否するカウンターを常に生み出してきた。と同時に、そこには、成熟拒否＝去勢拒否＝労働拒否という問題が存在する。現在では「就活」が自分を切り売りするようなパフォーマンス空間を強制するだけに、センシティヴな学生にとっては耐え難い。就職したくないという感情は、新しい価値の表出や社会批判と繋がる必要があるため（でなければ自閉するしかない）、社会や文化のリソースが必要であることを示唆した。

第2章「「コミュ障」文化という居場所」は、第1章のある意味で続編である。「コミュ障」（「コミュニケーション障害」の略称）という用語は当事者間で自称・自嘲的に使われ、さらにはあらかじめ「コミュ障ですから」と自身を謙遜してコミュニケーションのハードルを下げるために使われている。むしろ「コミュ障」文化は、居場所を形成する対抗的文化空間として、コミュ障を描きながらも当事者を超える広い層に受け入れられる文化として成立している。

序章で「自閉症学」について言及したが、「自閉症」は二〇〇〇年代初めごろから一般社会の話題となり始めた。そしてそれは、ビジネス社会などで「コミュニケーション力」といったキーワードが目立つようになってきたことと呼応している。

工業社会での反復労働＝単純労働において自閉症は「適応」できていたが、サービス産業での対人関係やフレキシブルな労働環境につまずく。このように、社会の流動化とサービス産業化が自閉症を「インペアメント」(機能障害)から「ディサビリティ」(社会的な能力障害)に追いやっている可能性がある。

しかし、それは私たち定型発達者にも及んでいる影響であり、二〇一〇年から爆発的に使われるようになった「コミュ障」という概念は、もはや定型発達者にとっても、コミュニケーションの同化圧力が苦しく、「コミュ障」文化がアジール(解放区)となっていることを意味する。最近、大学生におけるひきこもりを観察していると、ひきこもり経験のある大学生が、中学や高校などで「人と違う」ことに十分傷つきながらアイデンティティ不安を伴う人格を形成し、「ノーマル」への強迫的なこだわりをもち、そしてそれはそのまま本人の自尊心の低さと繫がっていることがわかる。彼らのうち同化圧力や学校での同化に疑問をもつ若者は、ひきこもりから脱出すると通信制高校等、同化圧力の弱い場所で成長する。ゼミで議論すると、彼らの方が通常の学生より豊かな知識や幅広い認識をもっていることに気づく。

そもそも日本のように対人関係に主体が依存する社会的文脈では、個の倫理と場の倫理の葛藤としての「対人恐怖症」のような青年期病理が見られた。が現在では、一方で「個人化」が語られながら、「準自己」(ベック)状態において、他者との関係性(承認)により依存しやすくなっている。

本来、コミュニケーションがもっている、他者や時間への開かれが、現代社会ではコミュニケーションが同化を通した狭い空間でしか行われず、またそこにおいて外部への開かれの窓口となる文化が、教養主義の解体や文科系が低位になるスクールカーストにおいて排除されてコミュニケーションのツールにならないことは、若者にとっての環境の困難を意味する（本論で紹介する元気なコミュ障マンガ、『私がモテないのはどう考えてもお前らが悪い！』などでは、教養がなく発情するだけの文化的貧困者をディスっている）。彼らにとって必要な居場所機能と豊かな多様性をどう文化や社会が保証できるかが鍵となる。

以上のように、「共感価値」の高い日本では、個人化と競争にさらされないように水平圧力と退行的コミュニケーションが繰り広げられることは、彼ら若者の一定の対抗的文化性ではあるが、それは批判を言語化するツールや、多様性の受容に欠ける。

この二本の論考が意味することは、若者にとっての生きづらさとは、社会批判や政治的言説の不在に起因するものであり、移行空間（子どもから大人への、古い言葉ではモラトリアム）の貧しさや不在によるものである（樫村（2009b）でも、この困難の構造について詳しく触れている）。高校までは厳しい受験勉強にさらされる大学生にとって、レジャーランドと呼ばれようとモラトリアム空間だった大学生活は、文科省の厳しい締め付けによる出席や予習・復習の学習時間の確保（無論、欧米の大学のスタンダードからいえば正当だが、何度も大学に入り直すことのできる人生サイクルや、学費が無料であること、生活費の補助など社会的サポート等の条件が日本とは異なる）、就活準備、生計のためのアルバイトにより、アレントのいう「活動」から「労働」にさえなりつつある。現在では、「トランジション」（溝上慎一）と呼ばれる、学業から職業への移行の接続性が問題化しており（第3章）、トランジションの自由化と構成困難が生きづらさを生み出している。

本書第3章「教育から労働および社会への「トランジション」」は、第1、2章で見た「若者の実態」から、第4、5章で見る「企業の実態」を繋ぐ、教育の最前線の問題を検討した。それは、二〇二〇年度から開始される学習指導要領の大幅な方針変更のみならず、本体の教育機関もネオリベラリズム社会の体制に組み込んでいく（しかも社会に貢献するボランタリーな主体として「自発的従属」の形式を取る）ものである。高等教育機関についていえば、これまでのような文科省への「面従腹背」を不可能としていくような、本当の意味で若者にとっての教育や学習やそれを促進する方法は何なのかを考察し議論することなしには対抗できない事態が起こりつつある。

第1章 『何者』と「就活デモ」を結ぶ線

1 小説『何者』

直木賞受賞作『何者』における問い

「就活」がテーマの小説『何者』で二〇一二年度下半期直木賞を受賞した朝井リョウは、就職前の二〇一〇年三月（二〇一二年に就職し会社員兼作家に。ただし二〇一五年に退職）、自らの就活について記したエッセイ「落日」の中で、次のように述べている。それはOB訪問の後での感想である。

自分は一体何なのだろうか。自分は、あと一年で、あの人たちに少しでも近づけるのだろうか。

これは僕の個人的な衝撃だったのかもしれない。だが、キャリアセンターの前で僕たちを踏みとどまらせたものは、こういうことの積み重ねなのだ。もともと就職が厳しいと言われている状況ではあるが、本当に僕らを怖がらせているのは、自分自身がまだまだ「大人」ではないという認識ではないだろうか。自分と社会の間にある、見えないがとても大きな溝に、僕たちは立ち竦む（朝井 2012b: 198）。

私たちは、現在の就活の厳しさの前で、まずは若者の生存を考え、彼らが安定した雇用を確保できること、正社員になれることを重要視してしまう。しかし、当事者である朝井リョウは、ごく単純で基本的なことをここで示しているのである。「就職」がいまも若者にとって、「青春の終了」とかつて呼ばれたような、自由の停止やアイデンティティの変容をもつものであることを。

現在は、社会が流動化し、雇用が不安定であり、わかりやすい社会化や人生の直線的なライフコースは消滅し、成熟そのものが不確かであるゆえ、社会化や雇用の確保は「青春の終了」というよりも、「サバイバル」のための条件として、大学に入ると同時に、すなわち青春のさなかから目指される。それゆえ、このような古典的な問いがここにまだあったことを、当事者でない私たちは忘れてしまっていたことに気づき驚く。しかし、当の彼らにとって就活は、『何者』というタイトルのつくような、依然、アイデンティティ問題なのである。

フロイトは「愛すること」と「仕事をすること」が健康と幸福の指標であると述べた。それは精神分析で「去勢」と呼ばれるもので、全能の幻想から脱出し、自らの限定性を受け入れることを指す。世界のあまたある中から誰でも伴侶を選べる可能性の中に留まり続けるのではなく一人の相手を選び、また何にでもなれるかもしれない潜在性や可能性に留まり続けるのではなく一つの仕事を選択すること、そうやって現実と向き合うことを指す。それゆえ、青春の終了は、子どもじみた幻想からの卒業である。朝井は続けて語る。

就活とはきっと、唯一、現代日本にも残っている通過儀礼なのではないだろうか。……そのために、初めて未熟な自分と真正面から向き合ったり、触れたことのない世界に生きる人と知り合ったり、夢を諦めなければならなかったりするのだろう（同 200）。

このエッセイが最初に掲載された二〇一〇年三月の『小説すばる』の特集号で、朝井は八〇年代バブル期超売り手市場（一九九〇年杉元伶一による小説『就職戦線異状なし』が書かれた頃）と現代の就活の違いを書くことを編集部から依頼されたのだが、朝井はむしろ以下のように述べる。

何も変わらないのではないだろうか。……『就職戦線異状なし』の中には、一般企業から豪華な接待を受けている人物もおり、そこは現代とは決定的に違うだろう。……しかし、結局その「就活」という外壁が変わりつつあるだけで、その中で戦わなければならない僕たち学生は、80年代の彼らと何も変わらない（同 199）。

バブル期、超売り手市場だった時代を描いた『就職戦線異状なし』では、企業が何とか大学生を自社に留まらせようと、豪華な接待から温泉旅館閉じこめ作戦まで行って、若者がちやほやされる、今とは全く逆の風景が展開されている。★1 それゆえ「何も変わらない」といわれると、私たちは唖然としてしまう。しかし若者にとってどんな時代であれ（売り手市場だけではなく買い手市場においても）、就職はアイデンティティ問題としてあることを、朝井は、ここで声にする。「なぜ僕たちは『就活』におびえるのか」というエッセイで朝井は次のようにも語る。

就活は、自分が、死ぬまでこの自分のこの能力で、自分のこの姿で、生きていくことを思い知らされる場面でもあります（朝井 2013: 47）。

これが精神分析でいう「去勢」の感情というものである。

ポスト近代の現在、こんな古典的な青春の問いはもう終わったのでは、と読者は思うかもしれない。確かに現代は流動的な社会ゆえ、人生の中で何度も仕事を変えることも可能かもしれず（「ノマド」の流行、または変えなくてはならないという社会からの強制）、一方で一生フリーターのまま就職から排除されるかもしれない社会である。つまり何者かになることを真面目に考えること自体が時代錯誤だと思われるかもしれない。しかし現実には、一つの職場、一つのキャリア、一つの人生という問題について、昔よりは多様性に開かれた豊かさ（または排除された場合の絶対的貧しさ）をもつとはいえ、その一歩を現実に踏み出すという点では同じ不安が若者の中にあるのだろう。

今の若者たちは、「中二病」などとして法外な夢や幻想をもつことを最初から抑制されているため、すでに「去勢」されているかのように（大人っぽく）見える。しかしそれは客観的に現実を受容しているというよりは、傷つくことを恐れて素直な自己表出さえ忌避しているという点で、むしろ隠された自己万能幻想を維持し、現実と去勢を忌避している。『何者』の主人公、二宮拓人は、就活の中で自己をさらしていく他者を「イタい」と批判しつつ、自らは安全な場所にいるため、結局就職は決まらない。[★2]

ここでだからといって、去勢＝「限定性の受容」とは、例えば現在の異様な「就活文化」にただ適応することを意味するわけではない。後述するような過剰適応の「意識高い系」の学生たちは、そういう人材をあえて必要とする企業は別として、過剰適応的活動－パフォーマンスが帰結するコンテンツの貧しさゆえに、学生に中身を求める企業に就職するのは難しいだろう。過活動的で、現実の問題を捨象するユーフォリア状態では、自己や現実との直面化は困難であり、自己の貧しさや批判精神の欠如を伴いやすく（去勢の忌避）、客観的に現実に対処することは難しい。

これに対し、限定的であれ自分の人生を選び取るということは、現実に足場をおいて、卒業後の活動を始めるということである。その後社会人としての生活をスタートした朝井は、上記のエッセイが就活の最中の執筆であったこともあり、就職後反省的なツッコミを入れたものを単行本（『学生時代にやらなくてもいい20のこと』）に収録しているが、そこに同様に、就職後の就活振り返りエッセイ「自身の就職活動について晒す」も収録している。★3 そこでは、社会人デビューまで「やだやだやだやだ」とわめきまくっていた割には、研修をこなして「なんだかんだ社会人一年目の生活をしている」「（あんなに嫌だ嫌だと嘆き合った友人たちも）それぞれに自分の新たな場所を築いていっているようだ。私たちは自分で思っているよりもたくましいのだ、きっと。友人たちの姿を見て私はそう思う」（朝井 2012b: 222–223）と最後に記している。また先のエッセイでも、過ぎてしまえば、「大学生活と社会人生活は地続きで、つながっているというのが実感」（朝井 2013: 46）と記している。

何かを選び取るということは現実に踏み出していくことだが、朝井は、「学生対社会人」という緊張した関係でなく、「人間対人間」のふれあいであったら、（具体的にはOB訪問時およびその後の）恐怖も身構えもなかっただろう、自分の場合は大学生の頃から作家として「社会人の方と会う機会が他の人と比べて多くあり」「『社会人も普通の人間』だと気づくことができ」て幸運だったとする（朝井 2013: 47）。ある種の通過儀礼や社会的境界が必要でないというわけではないが、やり直しが可能でアクセスが自由であること、社会人 - 経験者との人間的な交流によって、若い新しい人が新しい現実に無理なく触れられるだろうことを朝井は示唆している。

就活ゲームとキャリア教育

就活が招き入れる新しいゲームによって彼らの世界が被る変容について、朝井は次のように指摘する。

就職活動中はみんな人間的に少し歪むようなところがあります。それまでは勉強ができるとか、スポーツができるとか、面白いとか、その人をはかるためのさまざまな目盛りがあったのに、この期間の目盛りは、「内定がある・内定がない」というたった一つだけになる（朝井 2013: 48）。

朝井と対談を行った社会学者の古市憲寿も同様の指摘を行っている。

就活って大変だなぁと思うのは、皆同じルールで、しかもある程度序列がわかるようなレースをしているから、ちょっとした差をお互いすごく気にし合いますよね。スクールカーストとも似ている現象だと思うんですけど（朝井・古市 2013: 127）。

朝井にとって、大学生活は高校時代の「装置」（スクールカーストも含め）から外れて、自分の人生を構築するものについての優先順位を自分で決めることができるようになった「壮大な時間」だったのに、「就活」は、もう一度現れてしまった邪魔な「装置」だという（朝井 2013: 44–46）。

大学の四年間はとても自由です。義務教育、実家という「装置」から外れ、何でもできるようになります。つまり、大学生はみな、自分で優先順位をつけなくてはなりません。勉強、サークル、バイト、恋愛、将来の夢……横一列に並んだすべてから、一つずつ、選んでいかなければならない。その中で、僕は「将来の夢」、すなわち小説を書くことを選んだのです（同 44）。

朝井が小説を書くことを選ぶために自分や世界について考えることができた時間、それは高校時代にはなく大学生になって初めて手にしたものである。さらには、浪人するのではなく、東京の大学に行ってその時間を手に入れることを勧めてくれた高校の先生たちの助言は、児美川孝一郎（2007）のいう「権利としてのキャリア教育」の一端を示すものだろう。

これに対し、文科省が大学においても推奨しようとしている現在のキャリア教育は、彼ら当事者の若者たちにとって、全く逆の意味をもち始めていることに注意しなくてはならない。大学におけるキャリア教育は、児美川のいう「権利としてのキャリア教育」であれば、朝井のいう「装置」から外れる思考や想像力の可能性を若者に与えるはずである。しかし実際にさまざまな大学で導入されつつあるキャリア教育にしばしば見られるのは、それが就職課／キャリア支援課の就職支援イベントの延長であり、イベントの授業化・カリキュラム化になっているという現実である。就職コンサルタントが講師となり、どうすれば「employability」（エンプロイアビリティ、雇用可能性）を獲得できるかを講義する。業界人を呼んで、どんな人材が望まれているかが語られる。もちろん、就職現場を材料にし、業界人とコミュニケーションすることは、先述した現実に触れる意味でも重要である。しかし、それが「スムーズに」就職できるための「適応」の授業となるとき、それは、せっかくの「装置」はずしの契機を阻害する方向へと学生たちを誘導してしまう。

本田由紀は、リクルートの進路指導主事対象調査結果から、高校段階におけるキャリア教育について分析している。高校でのキャリア教育が、「自分の将来や、やりたいことを考えて、自分で決めなさい」といった規範や圧力という形で最も浸透していることを指摘している。そして生徒が「勤労観・職業観」や「意思決定能力」「将来設計能力」をもたねばならないという要求こそが、政策的に推進されてきた「キャリア教育」の本体（本田 2009: 148）であると指摘する。

それゆえ本田は、現実にはキャリア教育がプレッシャーのみを強めることによって、むしろ若者の不安や混乱を増大させてきた可能性が強いと批判し（同 155）、苅谷剛彦のいう「自己実現アノミー」（現実には自分らしさの追求や自己実現という欲求が強化されるのに、それを追求する手段が社会に十分提供されていない状態、苅谷 2008: 305）が起きていると批判する。高校から植え付けられるキャリア強迫は、さらに大学生活における「装置」はずしを阻害することを促進するだろう。

筒井美紀（2010）は、文部科学省が企図する「キャリア教育」は、「自己責任論」「個体還元主義的能力観」を助長するために、人間らしく生きていける公正な労働世界を創り存続させていこうとする「希望ある労働者」を形成できないとする。筒井は調査によって、「労働の実態・制度・構造に関する知識の摂取や理解が不足しているほど、成果主義を信奉するほど、労働行政の役割を等閑視するほど、新卒正社員就職に自信があるほど、自己責任論に賛成である」と指摘する。またこで昨今やっと提唱され始めてきた「労働者の権利教育」でさえ、個人主義であれば、自己責任に回収されると警告している。

就活をめぐるコミュニケーションとパフォーマンス

ここで小説に戻ろう。先に、『何者』が若者のアイデンティティ問題をテーマとすることを示唆したが、その問いの空間が、近代としての古典的な枠組みとは異なる場をもち異なる展開を見せていることは、この小説での、各人のアイデンティティの表現やコミュニケーションの様態において確認できる。

「コミュニケーション社会」である現在、特に若者のアイデンティティは仲間による承認によって支えられているため、就活はさらに、このアイデンティティの承認ゲームを微妙に変容させずらしながら物語を進めさせていく。そしてここで、ゲームの変容は、これまでの承認ゲームの自明性を問い直すものともなる。『何者』はこの意味で、若者たちのアイデンティティゲームの就活による変節を、個人の閉じた問いとしてだけではなく、若者たちのこれまでのゲームへの問いとして示したものでもある。

もちろん就活による友人や恋人との関係の変節は、これまでも全くなかったわけではない。就職の季節がやってくると同時に、友人関係や恋人関係が微妙に軋み出すといった物語はこれまでも存在し描かれていた。先述の超売り手市場時代の『就職戦線異状なし』でも、就職格差のもとでの友人や恋人の地位の序列の変更が関係に影響を与え、それが葛藤をもたらすこと、またそれを超えて修復される物語が描かれていた（または小説によっては破綻したまま回復しないことを嘆くものもあるだろう）。しかしこれまで、友人関係や恋人関係は就職活動において軋みを生じるとしても、今と比べればずっとわかりやすい物語だった。これに対し現代では、就活前の友人関係そのものがすでに演劇的・パフォーマンス的であり、就活における演劇性は、その上に重なって多重なものとなる。★4

小説『何者』の面白さはここにあるだろう。実際、昨今話題となる、就活における「盛る」行為（エントリーシートや面接で、「副ゼミ長」なのに「ゼミ長」と名乗ったり、全く何もないところからの嘘はつかないとしても、かなりの虚飾を施すこと。「副サークル長」のインフレが起きているとされる）は、私のような旧世代には簡単に理解しづらいことであり、「それって会社に入ってもずっと嘘つき続けなきゃいけないわけだから、面倒じゃないの？」と学生に聞いたりするわけだが、よく考えれば、彼らは友人とのコミュニケーションの中でもしょっちゅうウケねらいの「虚飾」を施しており、また聞く相手もそれは承知済みなので、罪悪感も面倒くささもないわけである。『何者』の中では、それはトランプの「ダウト」の比喩で語られる。

就職って確かに自分が持っているカードを出していく作業みたいなもんだろうけど、どうせどんなカードでも裏返しで差し出すんだよ。いくらでも嘘はつけるわけだから（朝井 2012a: 41）。

就活って、トランプでいうダウトみたいなもんじゃねえの。一を百だって言う分には、バレなきゃオーケー。ダウトのとき、1をキングだって言うみたいにな。でも、裏返されてそれが1だってバレれば終わりだし、カードがなければ戦いに参加することもできない。つまり、面接でもゼロを百だって話すのはダメ。それはバレる（同42）。

就活が始まると、「ツイッターに書き込む回数が増える」（朝井2012b: 47）と朝井は指摘する。自己表現／承認の場であるツイッターで、若者の演劇的／パフォーマンス的表現は屈折をはらみながらも出来事を前に活性化する（抑圧に対し、躁的状態になる）。朝井は「頑張っている人を笑う、これは就活においてよくあること」（同47）と語っている。

就活から本当に逃れるためには、「自分にしかできないこと」が必要です。でも一〇〇人いたら九九人にはそんなものはありません。いくら自分はこういうことをやりたいんだ、とか言っても、結局は「就活」に呑まれていく。だからそうやって「自分にしかできないこと」を見つけようと頑張っている人を笑って、自分を守るんですよね（同47）。

しかし就活はそれだけでは乗り切れず、不安を背後にして、多少連帯的な「躁的防衛」モードへも変容するのだろう（そうでもしないと乗り切れないくらいつらい?）。若者の「人を笑う」モードは、みんなの就活が進んでいくと、マジョリティは「励まし合う」モードへ変容していくのかもしれない。これに対し、『何者』の主人公、拓人は、就活に「前のめり」になっていく人を最後まで斜めから冷静に見ており、頑張っている人を「ダサい」と笑い続け、なかなか自らを投げ出すことはなく就活にコミットしない。

そしてそのような大学生は実際、企業からは見えづらい者として、就職は決まらない。友人が一緒に他のダサい就活生を笑う仲間ではなく、どんどん笑われる対象の側へと移っていく中、主人公はその想いを友人には内緒の別アカウントでツイートする（実は最初からすでにテンションの違いはあり、仲間の「痛さ」を少しずつ書き込んではいるのだが）。

そしてメルアドでアカウントが検索できる今日、その振る舞いはすべて友人の「理香さん」にお見通しであったことがあとで理香さんから直接、本人に明かされる。しかも主人公の拓人が、見られるかもしれないことも察しながら、見知らぬ人がリツイートしてくれたりお気に入りに登録してくれたりするのが気持ちよくて（それゆえ理香さんから「あんたにとってあのアカウントはあったかいふとんみたいなもの」「精神安定剤」（朝井 2012a: 258）と指摘される）、他人から見られないようにロックすることもできなかった……ことまで理香さんにはお見通しだったのだ。理香さんは言う。「私は拓人くんのことを笑ってはいない。かわいそうだとは思ってるけどね」[★5]（同 259）。

朝井は、就活が、観察者や受動者のままでは進まないジレンマについて、以下のように語っている。

まわりのお膳立てに従って動いているうちに、『何者』かになれる、そんなことはもう起こらないという事実を突きつけられるのです。自分で何かしないと、『何者』にもなれないのです（朝井 2013: 47）。

また朝井は小説『何者』について以下のように語っている。

現代の就活を書こうというよりは、それまでは自分をうまくごまかしてきた人たちが、初めて自分を自分として認めて生きていかなくてはいけなくなった時に何が起きるのか、ということを書きたかったんです。その恰好の舞台が、就活だっただけで（朝井・古市 2013）。

朝井は、就活のばかばかしさを描くには恰好の冷静な観察者主人公の位置を、こうして小説の中で最後にはつき落とす。朝井は「読者には拓人と一緒に『こういうダセェ人いるよな～』と読んでもらった上で、最後に『ダサいのはあなたです！』とひっくり返してやりたかった」（朝井 2013: 47）と述べている。

昨今、若者が著者である多くの小説で、主人公の失墜‐どんでん返しはよく見られる。それ自体、若者のコミュニケーション作法の表れとも見える。

が、それが示すより大きな問題とは、そこにある若者の困難であり、すなわち、批判の可能な空間-知の空間が公共的な空間として担保されていないということ、そのため批判の語りの場所は自閉的空間としてそれ自身コンプレックスや負荷を課せられているということである。そしてそれゆえ、真実を追求しようとする小説のような空間においては、最後に足下を掬われ、語る地点の根拠さえ奪われてしまう。

もちろん朝井本人は主人公拓人ではなく、小説を書く限りにおいて書く場という文化的な足場を獲得しており、拓人は失墜しても、彼の就活批判は読者につきささることにはなるのだが。★6

荻上チキ（2013）は、『何者』について、以下のように評している。

それぞれ「夢」を持ちながらも、その実現が難しいことをどこかで悟りつつ、就職活動を続ける学生たち。彼らは日常生活の間に、ツイッター上にそれぞれの想いを吐き出す。その書き込みは、忙しい就職活動の中で歯を食いしばる彼らの本音……というわけではなくて、むしろ「周りにこう見られたい」という自意識ばかりが透けて見える〈痛々しい〉もの。そして互いに、その自意識を疎ましく思いながらも、「そのことに気づいているのは自分だけ」と思ったりしながら、表面上はニコニコと励まし合ったりしている。そう。本作にとって、人の成長というのは、要は「自分や他人の〈痛々しさ〉を受け入れること」ということに他ならない。

小説とは、精神分析的にいえば去勢を垣間見せながら、すなわち外傷を鋭く提示しながらも外傷を優しく包むように幻想を描くものであり、これまで就活的イベントをはらんだ青春小説は、挫折を描きつつも青春の夢見ることの甘さを、記憶や余韻として、若者を肯定する感情において表現していただろう。しかし朝井が『桐島、部活やめるってよ』（二〇一〇年）においても示していたように、現代は夢が最初からほとんど排除され、夢を見たり語ったりすることは「イタい」ものとなり、これまでの青春小説のような単純な物語は困難となっている（中森明夫（2012）はこれを、小説の中で映画部の高校生たちが撮っている『ゾンビの世界』と重ね合わせて、「青春物語の終了」として指摘している）。

そんな中で朝井は、イタくてもちっぽけでもそんな夢のかけらを自分の糧にして現実と向き合う以外に方法はないということを突きつける「就活」というイベントを題材に、欲望する自分を否定すべきではないこと、否定すれば他者（現実／社会であり企業）とは出会えないことを指し示す。かといって、自身の欲望をさらして自分が傷つくことを拒否するまま自閉し、なかなか前に踏み出せないこの若者たちが、子どもっぽい全能の夢に憧れてしがみついているとまではいえない宙吊り状態である姿を描き出している。ちょうど『桐島、部活やめるってよ』で、何ものにもコミットできずに宙吊りになっていた菊池宏樹のように。

現代（若者）社会では「オタク‐ゾンビ」と指さされがちな文化（スクールカーストの下位）に自閉すること（朝井の言葉でいえば、「カッコ悪くても何かに一生懸命のめり込むこと」）ができず、かといって現実を楽しみたいけれど「リア充」と呼ばれる「楽しい」現実が「死」や存在を排除する浮遊性に、彼らは不確かさや空しさを感じている。「死」を排除する現代社会において存在や社会について考えることが、文化的に自閉するのではなく、社会や現実と繋がっていないことが問題なのだろう。

就活が現在の若者に初めて否応なしに迫ってくるトラウマ的現実であることがいかに残酷であるかを私たち大人は感じるだろう。それまでに、もしももっと現実と出会える可能性があったなら、朝井が経験したような大人と向き合える場があったなら、現実と出会える回路として文化が社会の中で生き生きと存在していれば、就活ビジネスを介してここまで演劇的で茶番となった倒錯的な場で自分と向き合わなくてもよかっただろう。★7

2 「意識高い系（笑）」批判 by「意識低い系」

『何者』に見られたように、「就活」への批判が「人を笑うこと」で自己完結している自閉性を、若者自らが自己批判してその外に出ようとした動きは、「意識高い系（笑）」学生との議論を企画して二〇一一年三月六日ロフトプラスワンで行われた、学生思念体アンリミテッドドリームワークス主催の討論イベント「学生思想闘技番組—MASTER PLAN—」(http://www.ustream.tv/recorded/13119567 企画・司会は学生思念体の斉藤大地、当時早稲田政治経済学部五年生）★8 でも観察できる。

「意識高い系（笑）」とは、この病理を分析した常見陽平（2012）によれば、「就活スラング」「ネットスラング」であり、やたらと学生生活、特に就活に「前のめりな」学生のことを指す。スラングゆえ、決まりと言っていいように「(笑)」がつくわけである。

「意識高い系」の語源は、常見の解釈では、元々は就職情報会社や学生団体が主催する就活イベントなどの謳い文句に「意識の高い学生が集まるイベントです」などと表記されていたことに由来する。常見がこの言葉を聞いたのは、二〇〇〇年代半ばで、ベンチャー系企業が開催するイベントで「意識の高い学生」が集まることがウリにされており、この言葉は、ビジネスの世界に関心がある、成長意欲が高い、学生生活が充実しているなどの文字どおりの意味をもっていたとする。しかし二〇〇九年頃からの就活の厳しさの中で、就活がイベント化・エンタメ化し、就活を支援する学生団体などが立ち上がって「前のめり行動」を見せていくようになり、それはＳＮＳで加速された。


　こうして、「意識高い系」はポジティヴなものから反転してネガティヴなものに、「(笑)」つきで変容する。[★9] 2ちゃんねる(現5ちゃんねる)住人によれば、それは「スイーツ(笑)」等と同様の系譜に連なる概念であり、そこにはリア充への妬みもあるとされる。がそこには、リア充が躁状態で内省を失っている場合、それに対する現実的な批判もあるだろう。斎藤環が示唆した『渋谷系』(自分探し系)ｖｓ．『原宿系』(ひきこもり系)」ではないが、「過活動で自らがないタイプ」と、「自閉して内省的なタイプ」の両極端の中で、中間がないかのような若者たちのバランスの悪さがここにもやはり見られる。

「意識高い系」について私がキャリア論の専門家に聞いたところでは、厳しい就職環境の中で保護者の視線が就職率に集まるようになり、大学も就職率をウリにするようになって学内のセクションの中での就職課／キャリア支援課の位置づけが上がっていくと、大学自体もこういった就活支援学生団体を重宝するようになってきているという。もちろんリクルートなど就活ビジネス側にとってもこれらの学生（および団体）は就活イベントを盛り上げてくれるありがたい存在である。結局、この点では、「意識高い系」学生は、大学と就活ビジネスの営業の道具になっているわけである。

また常見が彼らの内実のなさ、パフォーマンス先行性を批判するのと同じ評価を、私の知り合いの学生からも同様に聞いた。その学生は、大学に入ってすぐに、同学年の学生から、地域を元気にするサークルを立ち上げようと誘われるが、よくよく話を聞くと中身が何もなかったという。

斉藤大地はこのイベントのために、「意識高い系（笑）」とされるいくつかの学生団体の代表者に丹念に聞き取りを行い、彼らの特性を以下の三つに見た。①「活動のための活動」（後述するように、彼らの行う社会貢献等は目的というより、自分たちが群れて楽しむための手段）、②「成長のための活動」（マネジメントや営業の力を身につけたいとし、ビジネスコンテストなどにも応募するがほとんど中身がないとされる）、③「権威のための活動」（常見も指摘している点だが、誰かと知り合いであること、自分たちが「ハブ」であることを誇示し、借り物で勝負しようとする点で中身がないとよくいわれる）である。

斉藤大地が「意識高い系（笑）」学生の筆頭に挙げたのは、当時カリスマ学生といわれた「早稲田先生」こと斎藤康太である。斎藤本人によれば、自らは「リア充」人生を生きながら、就活で出会った個性のない学生のマインド改革をすべく「つきぬけ学生」と呼ばれる元気な学生にインタビューしてブログ（一万五〇〇〇のフォロワーがつくまでになった）に載せる「早稲田先生プロジェクト」

を行っていた。

また斉藤大地の主催したイベントに呼ばれた「意識高い系（笑）」のあとの二人のメンバーは、「学生維新」の吉田勇佑と「学生団体キッカケ」の柳岡宏一であった。「学生維新」は「地球をもっと元気に」をスローガンに、仲良くなるための「ハブ」になろうとする活動である。「学生団体キッカケ」は『ROLMO』（ロルモ。学生がロールモデルを見つけるキッカケとなるという意）という一〇万部発行のフリーペーパーを主宰、合宿等楽しいイベントを開催していた。斉藤大地の聞き取りによれば、「学生団体キッカケ」の対象者は日東駒専クラスであり、組織モデルとしては宗教モデルを採用し、「カリスマ、宣教師、教典、教会、儀式（キッカケダンス等）」を意識的に組み込んでいた。

しかしイベント直前に「早稲田先生」が2ちゃんねるで炎上する事件があり、結局「意識高い系（笑）」学生三人は出席しなかった。結局、自称「意識低い系」学生とのバトルはなされないまま、「意識低い系」学生による「意識高い系（笑）」の分析と議論が行われた（イベントは基本ユーモアに溢れ、「意識低い系」学生が、トーク中にステージで酒のつまみを注文したり、「意識高い系（笑）」から「（笑）」を葬り去るお葬式を休憩タイムにパフォーマンスとして行ったりした）。

「意識低い系」学生たちは、これらの「意識高い系（笑）」学生たちは、基本的には「いい人たち」だと語る。しかし、「能力があって真面目にやっていれば『イタくない』はず」なのに、なぜ彼らに「（笑）」がつくのか、「意識低い系」学生たちは以下のように分析する。「キラキラ系」で楽しくて青春するのが目的なら、そこで充足すればよいのに、一方では社会活動を目標に掲げ、しかもその活動やコンテンツ（例えばフリーペーパー）のクオリティがあまりに低いからである、と。

斉藤大地は、この自己啓発‐自己実現系のノリに対してつく「（笑）」について、それは一方では就活で求められているものと符合しており、いわばそれは日本社会自体に「（笑）」がつけられる状況で、「意識高い系（笑）」学生たちはそれを引き受けている（引き受けてくれている）のだという。

またそれは一方では「意識高い系（笑）」学生が能動的に就活に適応していることに対する、意識低い系学生たちの僻みでもあると述べる。ここには、朝井の『何者』で見られたのと同様の構造が垣間見られるだろう。就活に現実として向き合うのではなく（それは就活を公共的な場で批判することも含めて）、「過剰適応して自己啓発系に走る」か、「笑うことで自閉して敗者になりかねない」かという二者択一状態である。

そして実際には社会が茶番を求めており、それに自分たちも巻き込まれている以上、彼らを笑えないのではないかと反省することから始まって、斉藤大地は、就活に直結するようなパフォーマンスしかない「意識高い系（笑）」集団の内実のなさを批判しながら、それを批判ではなく笑うという形で対決をスルーしてきた自分たちについても反省する。こうして、斉藤大地はここで自閉から現実に向き合う道を模索しようとするのである。★[10]

ただし斉藤大地の言説においても、『何者』の語る地点の弱さと同様、知の第三者性は確保されていない。彼らの批判は客観的で鋭くても、それが「意識低い系」の場からであると彼らが自称するのは、単にウイットやネタなのではなく、彼らにとってはまるまる自分たちのリアルな現実であり彼らのコンプレックスや自意識を伴っているからである。だからこそ、彼は、東浩紀の「民主主義2・0」を参照するかのように、自分自身の批判的知の根拠を、ウェブ上の投票や評価というポピュリズム的な「正しさ」で決めようと語る。

斉藤がこのような健全な他者への開かれ方、寛容さをもった背景に、彼の思想形成や人格形成（「権利としてのキャリア教育」）に影響を与えた、坪井善明ゼミ（坪井は東大で学生運動に参加しベトナム反戦運動をやりベトナム研究者となった。また斉藤は宮台真司ゼミにも出入りしていた）や巨大学生寮和敬塾における分厚いコミュニケーションがあるだろう。しかし、自分の私的な「実存と公的な問題意識」の引き裂かれの中で、「政治的自由」と参加の方法の構築を構想しえたのは、サブカル、ツイッターやニコニコ動画、東浩紀のおかげだとする[★11]（斉藤 2011）。

斉藤は、アーキテクチャによる規制だけで人間が制御できるとは考えていない。ニコニコ動画が黒字化のために、無料会員＝フリーライダーに窮状を訴えて、プレミアム会員に参加してくれと「古典的コミュニケーションの力」を頼み、東が自身の批評誌の「友の会会員」への参加を呼びかけたのも同様の文脈だと述べる。斉藤は、こうしてアナログコミュニケーション（on）とデジタルコミュニケーション（off）の両方に通じながら、後者の政治的可能性を模索した。彼の就職は自己実現と繋がったとしている。

斉藤は、日本人は政治的コストをあまりに払ってこなかったがゆえに、逆に公共性へのコミットメントにコストを払いたがらない、それゆえ「日本的未成熟」と、東のいう「一般意志2・0」は相性が良いのだとその戦略性を評価している。

3　就活デモ

就活デモという当事者運動

就活デモは、誰もが変だと思いつつ声を挙げられなかった「就活文化」と対決するべく、新しい言論空間を勝ち取った当事者運動である。もちろん朝井リョウの小説も小説である限りでそれは就活への新しい言及を可能とする文化を生み出しており、また斉藤大地の討論番組もそういった試みの一つだった。だがその中でも就活デモは、大人たちの注目を浴び、社会現象となり、その後の就活に一定の影響を与えたり、就活を批判する突破口を与えたりしたという点で、最もインパクトがあっただろう。

二〇一一年一一月二三日、勤労感謝の日に行われた「就活ぶっこわせデモ」の実行委員長だった小沼克之（2012）は以下のように述べている。

「就活ぶっこわせデモ」は端的に言うと、今の就活のシステムに疑問を抱いた若者たちが、それが与える辛さを自分の胸にとどめるのではなく、社会に向かって解き放つために街に繰り出たアクションである。つまり、いますぐに就活制度を変えて欲しいというよりも、この心的負担は個人の器量の問題ではなく、「就活という社会問題」によるものであるという認識を社会に示すことが一番の目的だった。

一方で就活デモは「就職できなかった負け組の遠吠え」「単なるガス抜き」「就活嫌なら死ね」「就活できない人たちっぽい」「Fランクは大変なんだな」「自ら晒し者になるとは」などと、インターネット等で揶揄されてきた。

しかし就活デモを行う学生たちと連携して彼らを支えてきた「氷河期世代ユニオン」（不当に排除され続ける氷河期世代の権利回復を目指し、公正な社会の実現に向けて活動する市民団体）の小島鐵也は、彼らがFランク大学生ではなく、かなり上位の大学の出身者（東大、京大、北大、早稲田、慶應、法政、関大等々）が多数を占めていたことや、その中には内定保持者もいたこと、また院内集会や就活基本法の制定を目指した具体的なロビイング活動も行っていたことを指摘している。

就活デモを運営した学生たちは、少人数で一〜三カ月以上前から膨大な準備をし、授業とバイト以外の自由になる時間のすべてをそれに費やし、「顔バレ」して内定が取り消しになるリスク（顔を隠した参加ももちろんOKだが）まで背負ってやっていたと小島は語る。最もメディアが注目した二〇一〇年一一月二三日の就活デモを受けて、二〇一一年二月二二日参議院議員会館で開催された院内集会では、「就活デモ実行委員会」から国会議員らに手渡された『『就職活動基本法』策定の要望』において、「企業側の責務」、「大学側の業務」、「行政の責務」の三項目を挙げ、以下のような具体的な要望を提示している。

1．企業側の責務　（1）採用活動によって、学業を阻害しないこと。（2）仕事内容と必要なスキルを明確化し、合理的な選考基準を募集の際に明示すること。（3）労働条件を開示すること。賃金や待遇の情報はもとより、企業の労働環境を判断できる情報を開示すること。（4）採用活動の際、新卒・既卒、顔写真、年齢、男女等の情報を履歴書・エントリーシート等によって開示させることを禁止すること。

2．大学側の責務　（1）就職活動の支援を行い、企業や行政と連携を深めること。就職活動の支援に関しては、在学中の学生だけではなく、卒業後の学生も対象とすること。（2）就職実績を開示する際、曖昧な「就職希望者数」を分母にした内定率ではなく、卒業見込み学生数を分母にした内定率を用いること。（3）講義の目的・意義を明確にすること。★12

3．行政の責務　（1）中小企業を含む求人情報をハローワーク等で適切に提示することで、営利目的のナビサイト等に頼らない、企業間・学生間の公平な競争を実現すること。（2）求人を出す企業における事前の労働条件等のチェックを徹底すること。（3）大学卒業後も就職活動を継続する者には、失業手当に相当する給付を行い、手厚い生活費支援を行うこと。（4）奨学金の返済に関して、卒業時に就職が決まっていない学生については、無条件に返済を猶予すること。（5）内定の取消しは解雇と同じ取扱いにすること。（6）内定率は、全数調査によって算出すること（就活どうにかしろデモ実行委員会ブログ「就職活動基本法」策定の要望2011. 02. 23抄）。

就活デモの歴史

就活デモは毎年、中心の当事者が替わる社会運動である。ＯＢの参加や、下級のときから数年連続で参加する学生もいないわけではないが、基本的には毎年、就活生が入れ替わるのに伴って原則、運動も更新される。この点で、立ち上げからサポーターとして彼らを支えてきた、氷河期世代ユニオンの小島鐵也が、実際には最も就活デモ運動の歴史を全体として理解しているだろう。小島は就活デモを以下のように振り返り整理する。

就活デモのきっかけは、小島が二〇〇九年九月におこなったツアー企画「白銀の旅団」において、京大で不当解雇に抗議し正門を占拠していた京大時間雇用職員組合「ユニオン・エクスタシー」の「くびくびカフェ」に立ち寄った際、当時北大生だった大滝雅史と出会い（ヒッチハイクを大滝から申し込まれたとする）、車中の会話で、勤労感謝の日に就活デモをおこないたいという大滝の申し出に対し小島が賛同したことに端を発する。そして同年一一月二三日「勤労感謝の日」に、東京・早稲田で「就活のバカヤロー！　デモ」が、北海道・札幌では「就活くたばれデモ」がそれぞれ実施された。しかしこの時はまだ、東京では労働組合系の機関誌に取材される程度であり、北海道でも地元紙の北海道新聞が取りあげ、インターネット上で話題となる程度であった。

翌年（二〇一〇年）、小島は一〇月二日に氷河期世代ユニオンの主催イベント「考えよう、若者の雇用と未来——働くことと、生きること」を東京・阿佐ヶ谷の「阿佐ヶ谷ロフトA」で開催し、この時ゲストとして北海道から招待されていた大滝が、阿佐ヶ谷駅前の路上で行われたイベント後の懇親会において、後に「就活どうにかしろデモ」の代表となる本間篤と出会い、これが契機となって、同年一一月二三日、前年と同じ「勤労感謝の日」に、北海道・札幌の「就活くたばれデモ」、東京・新宿の「就活どうにかしろデモ」、大阪・心斎橋→難波の「ここがヘンだよ就活パレードｉｎ関西」、愛媛・松山の「シューカツしたくないよぉ～☆パレード@松山」が全国一斉に実施された。

この勤労感謝の日に全国一斉にデモを行うというスタイルは、大滝ら就活デモ主催の学生と小島にとって重要なポイントであった。勤労感謝の日の話題としてメディアに取りあげられることで、効果を最大化するねらいがあったからだ。そしてこのねらいは的中し、就活デモはほぼすべての主要メディアにニュースとして取りあげられ、その後も、ＮＨＫの『日本の、これから』や『朝まで生テレビ！』等で番組のテーマとして取りあげられた。学生たちはデモが一定の成果を挙げたことに満足していたが、小島はさらに東京の実行委員会を中心に院内集会の開催を勧めた。それが先述した二〇一一年二月二二日の「就活の問題に関する院内集会」である。この時は就活デモが主要メディアで大きく取り上げられていたこともあり、多数の政治家たちが関心を示した。

続く同年一一月二三日には、東京・新宿で「就活ぶっこわせデモ」、京都・三条→四条で「タダの学生がびびりながらする！　カルト就活やめなはれデモ」が実施され、この時も、デモ後、小島は院内集会の開催を勧め、翌年（二〇一二年）三月一六日に「就活の問題を訴える院内集会」が開催されている。二〇一二年一一月二三日の就活デモは、東京で六〇人規模のデモが降雨の中で実施された。就活のもつ問題そのものはますます深刻化しており、この時はブラック企業に入社した社会人や、先輩が就活自殺をした福岡の女子学生らが参加した。

就活デモは、二〇一〇年の就活デモがマスメディアに注目され、社会現象となって、就活について批判することすら不可能だった空気がぶちこわされたことで一定の成果を上げた。就活について語る、批判する、議論するといった言論空間と運動空間を拓き、その後の毎年の運動やデモへの継続性を可能にしたと小島は一定の評価を行っている。二〇一〇年のデモに主要マスメディアのほとんどが取材に来て、ＮＨＫや『朝生』で取りあげられたことで政治家の注意を引き、院内集会に繋がったという一連の動きの成果である。

第一氷河期世代の小島鐵也が重視する当事者性

第一氷河期世代である小島が氷河期世代をテーマにした活動を開始したのは、二〇〇〇年代中盤であり、若者バッシングが蔓延していた時期と重なる。本田由紀らが『「ニート」って言うな！』（本田ほか 2006）で「ニート」という言葉の持つ欺瞞性を暴いたことは、当時、専門学校に入学する資金がなく自宅で独学することを余儀なくされた小島[★13]がもっていた違和感を明確化し、運動に対する動機づけを後押しした。そして二〇〇七年、朝日新聞が年始特集で、バブル崩壊後の失われた一〇年に社会に出た若者たちの実態を特集したのとほぼ同時期に、小島はブログ「氷河期世代」の執筆を開始する（現在は休止中）。しかしネット上での活動には限界があると感じ、自身で運動を起こすべく、同年九月、「氷河期世代ユニオン」を立ち上げた。当時東京にいた小島はフリーター労組や反貧困ネットワーク等の運動と連携し、二〇〇八年一〇月五日、氷河期世代ユニオン初の主催イベント「考えよう、若者の雇用と未来」を開催。二〇〇九年一〇月一〇日、「考えよう、若者の雇用と未来――消費される青年労働者の実態」（渋谷）、二〇一〇年一〇月二日には先述のイベント「考えよう、若者の雇用と未来――働くことと、生きること」を開催している。就活デモは、そんな第一氷河期世代の小島が第二氷河期世代の学生たちと連携した運動でもあった。

二〇一一年の東日本大震災以降は、小島は東京を離れ、故郷の愛知で被災者支援や福島第一原発事故に関連した運動に関わってきた。同年一〇月二九日にはイベント「東日本大震災から考える雇用と社会保障」を愛知・豊橋で開催した。[★14]

小島は自分自身が当事者であったからこそ、当事者の運動であることにこだわってきた。自らは氷河期世代ユニオンで、今も若者問題にコミットしつつ、就活デモについては当事者のサポートに徹している。デモをやりたい学生がいれば、ぜひサポートしたいと述べている。

もし若者が大人になることを「去勢」だと単純に規範づけてしまえば、若者の運動はない。若者の運動とは、既成の秩序に対する批判や解体であるゆえ、それは成熟拒否とどこかで共犯関係をもつ。だからこそ、「就職したくない」というリアリティをもった感情は、労働忌避や労働批判という新しい価値の表出という文化と結びつかなければ「甘え」と捉えられてしまう。文化が貧しい時代、若者の抵抗が、自閉や笑いや貧しい言語-表出のもとで当事者から発せられるとき、彼らの「声」を私たちは聞き取り[★15]、彼らが社会や文化を批判し表現する際に、そのアクセスや道具立てを文化や社会の中でできる限り保証する必要がある[★16]。「権利としてのキャリア教育」はこのとき、単に彼らのためだけでなく、新しい社会を生み出していくためのものでもあるだろう。

第2章 「コミュ障」文化という居場所

序章でも見たとおり、現在の労働は、サービス産業の増大により、コミュニケーション化している。また、第3章で見るように、コミュニケーション能力、人と協調していく力などの〈新しい能力〉が求められているが、学校現場ではそのために必要な、場のもつ多様性は排除されており、それは多様性を保障する文化が排除されていることとも関わる。

この章では、学校から排除されている「コミュ障」たちがどのように文化的現場を形成しているかを確認する。

1 「チーム学校」におけるコミュニケーション

まず、「コミュ障」の若者たちにとって最も重要な、学校でのコミュニケーションについて見ていこう。

私は二〇一五‐二〇一七年度、科研で「スクールカウンセリングの社会学的研究」をテーマに、学校現場でのコミュニケーションを中心に研究を行った。スクールカウンセリング（以下ＳＣ）はいじめ問題（によるモラル・パニック）の時に導入された（樫村（2012）参照）。が、実際には、ＳＣではいじめより不登校・ひきこもり問題を扱うことが多いと思われる。いじめにしろ不登校にしろ、学校と教育の側から見れば、結局のところ「学級経営」（とそれを支える学校組織、もちろんその背後の社会構造や文化の問題も抜きにはできないが）が重要な鍵であり、子どもたちの側から見れば、スクールカーストに見られる集団とコミュニケーションの構造が重要である。

共通の社会的言語（や規範）を失った消費社会の中で、その代替として、流行やモード（要するに何が今流行っていてイケてるか）がコミュニケーションツールになった時、新人類とオタクが初期には同一の土壌にあり、「コミュ力」によって両者が分岐してきたことを述べた宮台真司の指摘に見られるように、スクールカーストの最下位に置かれているオタクそのものが仲間からの排除によって構成された。それゆえ彼らには、多様で豊かで開かれた（そして重要である、異性との）コミュニケーションの経験から疎外されてきたという、経路上の不利がある。そして、その経験の欠如とアイデンティティ不全を埋めるものとして、本論のテーマとする「コミュ障」たちの場や文化があるだろう。★1

不登校・ひきこもりの現場で支援する人々に共通する見解では、彼らに必要なものは、居場所機能とそこにある豊かな多様性である。それは、彼らを抑圧する学校への「適応」とは異なる新たな生や社会のあり方を現実に示唆し、彼らの生を支える。彼らの一部が学校に戻る時に選択する定時制高校や通信制高校では、スクールカーストの構造や同調性は弱く、その分多様性は確保されている。さらに特に全国の現場では、学校の外だけではなく、学校現場そのものの中に「となりカフェ」(学校の中にさまざまな地域の大人が関わる。田中(2014)参照)等を作る活動も始まっている。現在、教育現場で計画されている「チーム学校」は、SCのみならず、スクールソーシャルワーカー(SSW)も導入し、教員をサポートすると共に、閉じた学校内のコミュニケーションに外からの空気を入れることを期待している。

2 「自称」・「自嘲」としての「コミュ障」

本論では、「コミュ障」の用語とそれに関わるコミュ障文化を分析し[★2]、ラカン派精神分析の立場から現代のコミュニケーション構造について示唆する。

「コミュ障」という言葉は、グーグルトレンド[★3]によれば、二〇一〇年後半あたりから急激に二〇一二年にかけて検索回数が上昇、二〇一四年四月にピークに達し、現在も高い人気を示しているネットスラングで、「ぼっち」や「非コミュ」等の類似の用語と共によく使われている。

2ちゃんねるとの親和性の高さはグーグルトレンドの分析でも示唆されており、コミュ障という用語が、当事者間で「自称」・「自嘲」的に使われ、仲間内で共感的に使用されていることが例証されている。対照的に、彼らのようなコミュニケーションが苦手な人々（コミュ障）から見ても、よりコミュ力に欠け他者への配慮がないと彼らが感じる人々に対しては、彼らは「アスペ（アスペルガー症候群）」「池沼《ちしょう》（知的障害）」「糖質《とうしつ》（統合失調症）」といった用語を使用して自分たちと区別しており、[★4] コミュ障用語の「内輪性」は、この点でも確認できる。

コミュ障は、全く人とコミュニケーションできない人たちではなく、この当事者性をもったネットスラングの存在、すなわち自身を自嘲的に語って他者との共感を共有する視線や振る舞い（「傷のなめ合い」といわれる側面も）に見られるように、他者や他者との関わりを意識し、[★5] また同様の数々の2ちゃんねる用語（が今では一般でも使われるのは、コミュ障の問題意識がそれ以外の人々にも共有されつつあることや、彼らの表現が、使用が拡大されるのに足るセンスや表現力をもっていることを指し示しているだろう）を生み出すのはもちろん、コミケやアスキーアート、ニコニコ動画、ボーカロイドなど、仲間同士の協同への貢献や思いは強く、[★6] 仲間の中ではコミュニケーションは活発である。[★7]

それゆえこの事態の解釈としては、次の二つのものが考えられる。

一つは「限定的コミュ障仮説」、すなわち、彼らが（趣味）同質性の高い限定的空間ではコミュニケーションができるけれども、異質性のある空間ではコミュニケーション弱者であるという解釈である（それゆえ、そもそものコミュニケーション能力は潜在的に存在し、「成長」の可能性がある。ただし当事者たちにとっては、次節の吉田に見られるように「コミュ障自体は治らないけれど会話技術（の習得）で乗り切れる」

という自己認識もある）。

もう一つは、「異文化コミュニケーションおよび差別仮説」、すなわち、オタク文化と一般の文化は異なり、一般の文化がオタクのアイデンティティと文化を排除しているがゆえにコミュニケーションが困難であるというものである。

私自身の見解としては、二つの説は相反すると単純に見るのではなく、コミュ障は両方の要素をもった構造としてあるのではないかと考える。

3 「コミュ障あるある」と「成長物語」

まず前者を象徴するものとして、コミュ障当事者（ゲストに「絡みにくい」と言われ、落ちこぼれアナウンサーだった）ニッポン放送アナウンサー、吉田尚記《ひさのり》や彼の共著『コミュ障は治らなくても大丈夫』（漫画・水谷緑）に見られるような一連の啓蒙活動、および『電車男』（中野 2004）や東村アキコの『東京タラレバ娘』『海月姫』のようなオタクの「成長物語」があるだろう（遡れば『新世紀エヴァンゲリオン』も）。

吉田はオタク仲間とは全く気楽にコミュニケーションできるのに、それ以外の人々とは、話題を選ぶ困難から始まって、会うだけでもひどく緊張して固まってしまい、いわゆる「クローズド質問」（イエス、ノーでしか答えられない質問。そこで語りが停止するので会話が続かない）や「本質的」な質問★8

で相手を話しにくくさせて沈黙に至らせ、さらには話しにくいだけでなく相手を傷つける発言までしてしまい、アナウンサーとしてゲストに嫌な思いをさせる失敗の連続を経験していた。

それは、彼自身がコミュニケーションにおいてリラックスできず、場を支配し先読みしようと、コミュニケーションの本質的構造としてある他者や時間に開かれる要素を逆に排除してしまっていたからである。[★9] そしてさらには、その事態がもたらす困難についてのメタレベルの認知がますます彼を緊張状態に追いやっていたからであった。[★10]

いわゆる「コミュ障あるある」ネタには、「頭で何喋るかシミュレートしてるのに噛む」「一日の中で数回しか会話が成立しないから、話したことを一言一句思い出せる。そして、『こう言えばよかった』と脳内反省会して『うわあああああ』ってなる」等、これらの困難が示されており、すでにコミュ障たちに自分たちの陥っている事態は客観的に認識されている（それを可能にしたのは「あるある」に見る問題の共有と共感のコミュニケーションと場である）[★11] にもかかわらず、抜け出せない闇としてその構造はある（そしてそれは、それを意識すればするほど抜けられなくなる闇である）。

森田療法が、文化結合症候群とされてきた日本人の「対人恐怖症」を、このメタ認知の過剰意識によるものとし、自然に身を任せ自然に振る舞うことを治療法としたように、吉田も、コミュニケーションにおける自然さ、先を考え込まない、ちょっとした身近な話題や自身の感情に乗る等々の具体的なアドバイスを行う（ex.「深い質問より些細な質問」、「質問は具体的に」等々）。

吉田は「コミュ障は治らないけど、コミュニケーションのルールを覚えれば、誰でも会話上手になれる」と技術論に落とし込むが、自然なコミュニケーションの流れは、彼の中には全くないものではなく「思い出された」ものであり（一般人のコミュニケーションへの気構えと思い込みによって抑圧していた、自分の趣味空間での自然な振る舞いを発露することで、彼は「闇」を突破したのであった。そして、それにさらに趣味以外の話題についての話し方について、通常なら経験の中で自然に獲得されていくものをテクニックとして習得していった）、発達障害者ほどには無理して（苦痛なまま？）「適応」しているものでもなく、それは『電車男』や『東京タラレバ娘』のような、他者に開かれる歓びを見出す「成長物語」でもある。

4　『ワタモテ』と「高二病」

これに対し、アンチ『電車男』宣言において『電波男』（本田2005）を著した本田透に見られるように、『電車男』をむしろオタク空間やアイデンティティを解体してしまう物語として批判し、さらに「適応先」そのものにある抑圧や問題が検討されていないとして、『電車男』にもまぎれている「恋愛消費主義」批判を展開する立場がある。

この立場、いわば「アンチ同化主義」と「孤立主義」の一種洗練された形が、現在形でコミュ障たちに支持されている『ワタモテ』こと『私がモテないのはどう考えてもお前らが悪い！』（谷川ニコ2012-）である。二〇一一年にウェブコミックス配信サイト『ガンガンONLINE』で連載、二〇一三年にはテレビアニメも放送され、コミックスが累計二〇〇万部を超すベストセラーになり、海外の4chanでブレイクした。

物語は、乙女ゲームにはまる「喪女」(モテない女性)の主人公、黒木智子が、せっかく「花の女子高生」となったというのに、「ぼっち」で、周りのリア充から取り残されている設定である。そこに、昔はイケていなかったが今はリア充のクラスメイトや地元の友人、イケメンの弟やコミュ障たちが絡む話である。智子はそこまでブスではないが、美少女だったりとてもカワイかったりするわけでもなく、むしろ男性のみならずかわいい女子同級生にも男のような性的欲望を示す「キモい」存在である(註14も参照)。また「シンデレラ物語」的な浮いた恋愛話もなく、淡々とコミュ障的日常が描かれ続ける。

「美少女とイケメンレギュラーなら普通の『日常系』としてもっと売れた」(売れるためには性愛的要素は必須なため)とする指摘もあるが、ハーレム幻想とナルシシズムに流れなかった点で、コミュ障マンガの系譜の中での洗練や完成度があったともいわれる。というのも、コミュ障マンガの系譜においては、コミュ障男性主人公に「都合のいい女子」(美女)が、しかもハーレムのように複数いい寄ってくれるナルシシズム型のものが見られてきたのだが(男子の場合は「複数」必至なので「ハーレム」となる。ただし、のちに見る「残念系」のように、この女子は完全なフツーの女子ではなく、どこか変わった「残念な」女子であることが多い)、『ワタモテ』はそういった安易な恋愛を断ち切るために、主人公をあえて女性にしたとされ、コミュ障問題のリアリティを客観的に描くことに成功しているように思えるからである。

主人公智子は、四〇日間も誰とも喋っていないので、担任に話しかけられても「学校で話しかけられるのが久しぶりすぎて『さよなら』という言葉が出てこなかった[★12]」というコミュ障ぶりであり、学校の中では、窓際の一番後ろの席（「アニメやラノベで主人公が決まって座るあの席」）を渇望し（他者の視線から逃れられるのはもちろんだが、ケータイのエロサイトが他人に覗きこまれず楽しめるからでもある）、「自分の席が誰かおしゃべりするクラスメイトで占領されている」（「強制ペア問題」と同様、コミュ障鉄板ネタ）と「どいてください」もいえず、そこで「寝たふり」もできないし弁当も食べられず、屋上も閉まっていて（「アニメやラノベだと開放しているのに……」）、「空間‐居場所探し」に翻弄される。

しかし、智子の性格は強がりで「キリッ」としていて、はじけるクラスメイトについては「男のことしか考えてないバカ女やそれと一緒にいるクズ男」「『あんな奴ら』（『チャラ男』とバカ女、『くそビッチ』）と群れるくらいなら、『ぼっち』でいい」「せいぜいカス同士でベタな青春でも送って下さいよ」「『ぼっち』というか私はソロプレイを楽しんでいるだけだし」と孤高を決め込む（また、「学校では確かにレベル高すぎて浮いてるけど」と年下の親戚の子に弁解する）。

このマンガを「高二病」と指摘する声もある。実際主人公も、無邪気で尖っていてオタク的知識を吹聴していた「中二病」の頃の「黒歴史」を覚えていた友人に、当時の自分のことを指摘されて恥じるシーンがある[★13]。

また「バカで発情して思考停止」のクラスメイトの描写だけでなく、「キョロ充」（堂々とその場にいるのではなく、キョロキョロと周りを常に気遣って不安をもちながら同調しているだけではないかという、「偽リア充」へのディスりを示す用語）もマンガに登場し、スクールカーストの抑圧状況を客観的に批判し揶揄している。

智子は、発情しているクラスメイトを文化の貧困においてもディスるわけだが、それは文科系が低位になるスクールカーストではかえって浮いてしまう。例えば、智子は高校入学時の新しいクラスの自己紹介で、考えてきた高度な笑いネタを披露する。が、レベルの低い別の人の笑いが受け、彼女は「盛大にすべって、イタかった」とむしろ後ろ指を指され、それ以降誰かがすべると「黒木さん状態」といわれることとなる。また、学校の七夕飾りの他人の短冊について、クラスメイトの「彼氏ほしー」や「志望大合格」をつまらないとする。さらに「海賊王になる」を「つまらない通り越して寒いわ」と述べて、もっと面白いものを作ってやると書いてみた（結局下ネタだったが）が、「すべってね？　超つまんね」といわれる。

しかしこれらの一見きつい状況について、『ワタモテ』は、多くのコミュ障マンガにあるように、当事者の劣等感に充ちた情動をウェットに描かず、客観的に眺め、コミカルに描いていて明るい。主人公はいじめの対象とはならず（時々失敗もするが、この点では空気を読め、逃避する技術ももち合わせているためでもある）、クラスのみんなにスルーされている「空気」のような存在である。とはいえ時々彼女は自身の孤高状態に不安になり、イケメンの弟にすがりついて会話の相手を求めたり、現実・社会と接触しようとする。自己効力感は当然低いとはいえ、他のコミュ障マンガほどは暗くなく、時々、孤高の自分に不安を覚えて社会と交渉をしつつ、失敗したり学んだりする。また徐々にコミュ障の友達や昔の友人等の人間関係と繋がり、コミュニケーションが展開され、その記憶が蓄積されていく（この点では、もう一つのコミュ障解釈の「成長物語」的要素もここにはあるだろう）。

主人公を女子に設定した★14のは、先ほども見た通り、コミュ障マンガの系譜における、男性主人公にとっての「都合のいい女子」、すなわちアニメやゲームのヒロインによくある、何もしなくてもやってきて勝手に自分を好きになってくれて、Hなことまでさせてくれる女子にモテる（しかもハーレム）状態への批判として、自戒を込め、主人公をあえて女性にしたとする。これは、イケてない女子がクラス一イケメンで頭もよくてスポーツもできる王子様に、なぜか自分だけが特権的に愛されるという、少女マンガ鉄板ネタ－夢物語の男性バージョンに対する批判でもある。この点、少女マンガよりオタクコミュ障マンガの方が内省的・神経症的であり、恋愛に受動的に身を任せられない構造があるのかもしれない。

智子は、同じくコミュ障の琴美と「底辺争い」をし、昔はイケてなかったが今はかわいい、ゆうちゃんをめぐるライバル関係にもなる。両者の激しい罵り合いは、ネット空間の対立の振る舞いを思わせるバトルであるが、ゆうちゃんを介したコミュニケーションの中で理解や共感や和解もあり、前節で見られた成長物語的要素もここにはある。

ただし、前節で展開したもう一つのコミュ障の物語では、コミュ障主人公は他者から強力にサポートされないとひきこもってしまう弱者だったのだが、『ワタモテ』はタイトルの強気に見られるように、あくまで当事者の主導権や自己決定性のもとにあり、別の物語の可能性もはらむパワフルな物語であり、そのあたりが共感を生んでいるのかもしれない（アンチ「キョロ充」）。

5 『NHKにようこそ！』と「残念系ラブコメ」

ここでコミュ障マンガの系譜上の起点とされる、大ヒットした『NHKにようこそ！』（滝本竜彦・大岩ケンヂ 2002–2007）に遡って見ておこう。もちろんもっと遡れば、『NHKにようこそ！』に現れる、人格セミナー的要素、セカイを問う神経症的要素は、一九九五年に始まった『新世紀エヴァンゲリオン』にもすでに見られるが、『エヴァ』は主人公がコミュ障という設定ではあっても、ひきこもり‐ニート‐コミュ障そのものをテーマにしたものではなかった。

『NHKにようこそ！』は、二〇〇二年に出版されヒットした滝本竜彦のライトノベルがマンガ化されたものであり（なお、グーグルトレンドでは、「ひきこもり」という用語は、二〇〇七年一月の突出を除けば二〇〇四年から二〇〇七年にかけて減少し、その後一定している）、二〇〇四年二月号から『月刊少年エース』で連載、二〇〇六年からアニメが放送され、マンガ版は二〇〇七年に完結した。

物語は、大学を中退して四年目のひきこもりニートの主人公、佐藤達広に対し、謎の美少女、中原岬が彼を救うためのカウンセリングを始める。達広は、ひきこもり‐ニートが回復してもそれは他者との席争いに勝つだけで、別の犠牲者を生むことであり、このゲームに参加したくないとする。

それゆえ達広は、競争と落伍者を生み出すメカニズムを「NHK」（日本ひきこもり協会）として陰謀論的に仮想敵扱いにし、これと闘おうとする。この点で、恋愛資本主義とその権化と見なされたリア充の女子に背を向ける本田透らの思想と親和的である。

『NHKにようこそ！』の世界は、やはり美人の高校生岬や先輩が向こうからいい寄ってくれるプチハーレム状態であるが、自らもひきこもり経験をもつ作者滝本の他者への不信が強く描かれ、岬の好意は常に疑われ（実際、岬にも問題や嘘があり、怪しい振る舞いであるからだが）駆け引き、嘘、騙し、傷つけ合いの応酬となる暗いマンガでもある。一方の岬自身も、家庭が不幸で、精神的問題を抱えており、友達のいない、見捨てられ不安をもつ高校中退女子である。彼女は、達広相手なら自分のような存在であっても相手を見下せて、承認欲求を満たしてくれると思っていた、問題あるパーソナリティであった。そして、自分を守ることしかできないオタクコミュ障の達広は岬へと心を開くことはないし、彼女を必要とすることはなかった。最低の存在であるため自分を捨てることはないと思っていた達広にまで見捨てられたと思い岬は自殺を図る。最終的には、達広は岬へと心を開くが、承認とは何か、恋愛とは何か、問いの中で身動き取れなくなりそうになりながら、「NHK」と闘い、岬を守るために命を懸けようとする。

オタクにおける学園モノの重要性は、オタク文化の学校・教室への憧憬と固着から、学園幻想の物語を消費しようとするからであり、一方で、オタクを排除するスクールカースト‐学校社会への批判や攻撃は、この両者（憧憬と敵意）が張り付いていることを示す。『エヴァ』に見られたセカイ系と学園モノの親和性はもちろんのこと、ライトノベルでは、コミュ障が主人公となる「残念系ラブコメ」ジャンルもそうであり、スクールカーストを描いている。主人公は「残念系」とされる側面（残念特性）を隠さず、「見せかけの友達として馴れ合うよりも孤独で気ままな方がいい」とする指向性をもつ（あるいは、自分に群がる美しい女子が「残念」系であるという意味でもこの用語は使用されている）が、「隣人部」「奉仕部」のような特殊な場を通じて、やはりハーレム状態の夢は描かれている（『僕は友達が少ない』（2009–2015）、『やはり俺の青春ラブコメはまちがっている。』（2011–）等々）。

なお最近では、一般ドラマへのコミュ障テーマの進出も著しい。二〇一六年度には、『嫌われる勇気』（フジテレビ系列）のアドラー女子（ただし、日本アドラー心理学会からの抗議を受けた）、『逃げれば恥だが役に立つ』（TBS系列）、『東京タラレバ娘』（日本テレビ系列）、二〇一七年度には、女子力ゼロの「女子モドキ」、理系女子を描いた『人は見た目が100パーセント』（フジテレビ系列）も描かれている。

6　コミュ障の前身としての「対人恐怖症」

現在、実際の障害としてのコミュニケーション障害については、言語聴覚士が関わるような器質障害の問題だけでなく、発達障害等があり、専門的な研究や支援の実践が行われている。一方、「コミュ障」は、このような専門的な障害と比べれば、社会や文化との関わりが深いとする。

しかしここで、すでにコミュ障の前身とも思えるものが日本にはある。それは先にも述べた「対人恐怖症」である。

DSM-IIIによるSAD（社交不安障害）の診断基準が提出される以前、「対人恐怖症」は他の国からの報告が少なかったことから、特にわが国における社会文化的背景が注目され、文化結合症候群とも考えられていた。

日本文化と対人恐怖症の関係について言及した精神科医は多い（「対人恐怖症」についての研究の系譜については、柴原（2007）参照）。河合隼雄（1975）は、日本の社会は人どうしの間柄や世間体を価値基準とする共同体で、暗黙の了解を前提とし、全体としての場の平衡状態を維持することに重きをおくが（「場の倫理」）、このような場で西洋人のように個人としての自我の確立に価値をおき自我を峻立させると（「個の倫理」）、この平衡状態を乱し周囲との摩擦を引き起こすことになると指摘した。対人場面で、他者に優越したいという無意識内に存在する「個の倫理観」が、日本人の生き方である「場の倫理観」と衝突することで場の平衡状態が破れ窮地に追い込まれる。対人恐怖は「個の倫理」と「場の倫理」の深刻な葛藤による対人関係の回避と捉えられるとした。内沼幸雄（1983）は、対人恐怖は、親しい関係における対人場面での自他合体的志向と、無関係な集団における対人場面での自他分離的志向の二つの中間状況で、相反する志向の間で揺れ動き、間の悪さに困惑しそれを回避しようとする状態であるとした。

このように、関係性に支配された伝統的な日本社会の中で、個に目覚めた日本人が社会との葛藤を抱え排除されかかり、両者の論理の葛藤の処理の失敗や逃避として「対人恐怖症」があったとされる。それは、コミュ障で見た第二の論理と呼応している。この意味で、コミュ障は、社会の敗者ではなく、社会を批判しうる新しい特性をもち合わせた人々であるとも考えられる。ただし、対人恐怖症と異なり、オタク－コミュ障は、（学校の中で）排除される中でしかたなく形成されてきた要素もあり、それゆえにオルタナティヴな空間の確保と学校空間への批判性は必須だろう。

7　コミュニケーションにおけるモニタリングとそのループ

コミュ障をテーマにしたマンガ『古見さんは、コミュ症です。』は、超美人なのに人付き合いが苦手な主人公古見《こみ》さんと、小心者で目立たないけれど彼女の気持ちがわかる只野《ただの》くん、そしてその他のコミュ障の登場人物が、古見さんと友達になり、彼女と絡み、彼女をサポートする物語である。美人で賢くて運動神経も抜群の古見さんは、男子だけでなく女子にとっても憧れの存在である。誰も簡単に近づけないために彼女のひどいコミュ障の特性（誰かと話そうとしても上がって声が出ない等）は人々に気づかれていない。そのため、古見さんは人と接するのが苦手で人から逃げてしまうのだが、彼女に憧れる人々は彼女に嫌われていると勘違いする。

こうしてスクールカースト上のトップ（しばしばコミュ力の高さが同時に求められるのだが）のマドンナが実はコミュ障であることを誰も知らないという痛快な皮肉マンガとなっている。しかもコミュ力が高くないためにマドンナを共感的に理解でき、彼女から好感をもたれコミュニケーションできてしまう只野くんに、読者の幻想が投射される。ある意味で「残念系」バージョンである。

こうして、コミュ障ゆえに通常排除されるはずが、コミュ障と知られず憧れ続けられるという誤解の持続があるのは、よそよそしくされれば一定以上近づいてはいけないサインとして勝手に誤解して読みとってくれるコミュニケーションの作法がここにあるからである。

一方、このような社会のコミュニケーションの作法は、発達障害者に対して攻撃をかけるものともなる。彼らは異質だからというだけでなく、コミュニケーションにおける障害ゆえに、本人には悪気はなくても、相手からは文脈において敵意や攻撃と受け取られてしまうからである。

コミュニケーションはこのように、相互性をもち、モニタリングによって相互認識が行われており、また相手に好意的に振る舞わない場合は、嫌っていると直接明言しなくてもそのように察するようにコミュニケーションを円滑にする構造が組織されている（古見さんの事例）。が、このようなコミュニケーションのリスクを回避するためのコミュニケーション方法は、逆にコミュニケーションの誤解をたくさん生じさせる。コミュニケーションを守るためのコミュニケーション様式がコミュニケーションを複雑にさせている要素は否めなく、それゆえコミュニケーションというものの負荷も原理的に高くなる（それゆえいつも罵り合ったり殴り合ったりして済むならその方が楽なケースもあると見る向きもあるかもしれない。が、家族療法が指し示しているように、互いの感情は好循環も悪循環もベイトソンのいうように自動的に昂まっていく。悪い場合は相互的な交流の悪パターンで固定化するので、必ずしも「ベタで天然な」コミュニケーションがよいともいえない)。

ゴフマンや会話分析、語用論などが指摘しているように、人と人のコミュニケーションの中核には、相手の「face」(「人格」に相当する面子)に対する尊重=儀礼があり、だからこそ人前で恥をかかせることはその人のプライドを傷つけ、社会的地位を貶める。それゆえに、その事態を避けて相互に察知し合う、「ポライトネス」や「儀礼」が何重にも張りめぐらされている。「戦争」や喧嘩を避けるためのコミュニケーションの技術と文化である。しかし、「挨拶」に始まり、文化的に構築されてきたさまざまな伝統的コミュニケーション様式が現在は解体しつつあり、特に若者はコミュニケーションの緊張状況にあるだろう。

コミュ障について大学生たちの意見を聞くと、「自分もコミュ障かも」と多くが答える。もちろん青年期のアイデンティティ不安をもつ若者たちのコミュニケーション不安は今に始まったことではない(し、日本のような第三者的規範のない「関係社会」では特にそうである)が、共通の文化や言語がもちづらくなり、マニアックな「オタク的」文化に自閉するか変動するモードに依拠しなくてはならない現在の若者たちのハードルは昔より高くなっている。

コミュ障の用語について、私が聞いた大学生たちの多くはまた、山登敬之の指摘(註4)とは異なり、コミュ障ではない人が「自分をコミュ障」ということでコミュニケーション圧を下げる、前もって自分の振る舞いに対する自信のなさを表明して無作法を免除してもらう機能もあると指摘していた。

8　「準自己」と反動形成としての「恋愛工学」

私は「心理学化」（社会や文化の言説が心理用語で語られ心理的技術で処理されるようになること。そのため従来の哲学や文学への関心が心理に移行している）をテーマに研究してきたが、最近では心理学化が対象としてきた「心理」「人格」より、「コミュニケーション」の方が、若者たちの関心が優位になっていると感じる（すでに「心理」「人格」は融解?-）。アドラー心理学のベストセラー『嫌われる勇気』（岸見ほか 2013）も、それが心理というよりコミュニケーション原理として読まれたから支持されたのだろう。

「キャラ」はコミュニケーションのための貧しいツールであると土井隆義や斎藤環など多くが指摘しているが、それよりは固有性を確保できる「人格」も、ある意味ではコミュニケーションを支えるツールとして機能していた（樫村 2007a）。

が、ベック（Beck, 2001）が、「人格」（近代的自己）の困難を示唆し、ここでいう融解の結果としての「準自己」の概念を提起するように、後期近代では「個人」が近代的人格の融解においてアイデンティティの複雑性 - 融解にさらされ、「準自己」としてやっと個人としての唯一のエージェントを維持するような厳しさがある（流動化する社会において唯一のエージェントとなっている「個人」への負荷がもたらす困難は、ポスト・ブルデュー学派のライールらも言及しており、社会学における主体の議論の中心点となっている）。

そして社会に支えられていた自己の自律性や一貫性が希薄化すると、自己（主体）は、他者との関係により依存しやすくなる（片桐・樫村 2011）。ホネットの承認論モデルはこのような文脈で登場しているだろう（「個体は、同意してくれたり、激励したりしてくれる他者の視点から、一定の特性と能力があることが実証される存在としての自分自身にたいして関わることを学ぶことによってのみ、人格として構成される」Honneth, 1992＝2003）。

最後に、このような主体の危機にあって、国家レベルの反動としてのナショナリズムのように、個人レベルでも反動形成がなされる。自己啓発セミナーの関連版としての「恋愛工学」である。

レイプ事件の加害者がその信奉者＝読者だったとして注目されている「恋愛工学」は、恋愛を金融工学と同じ論理で語る点で、恋愛を手段的に捉えようとする非人格性が際立っている。『ぼくは愛を証明しようと思う。』（藤沢 2015）で描かれているような、女性を虜にする究極の技術「恋愛工学」は、「非モテコミットな状態を避けてクールにふるまうことを推奨」し、恋愛偏差値の高い女性をディスり、動揺させることによって、いつもモテモテの女性に「一味違う男性」と印象付け、けなした後ほめてどきどきさせる、一連の技術・方法論である。恋愛偏差値の高い女性をけなすような権限のある男性がモテるとし、そこには「モラハラ」（モラルハラスメント）の要素もはらまれている。

もちろん「ドS」「壁ドン」に見られるように、男子の攻撃性は女子にとっての魅力の要素として今でも描かれるが、それは「セクハラ」の定義に見られるように、好きな男子に対する限定された感情である。それゆえ、好かれてもいない男子を「勘違いな」犯罪者にしかねない恋愛工学は、「『非モテ』（妄想男子）を『ヤリチン』（加害男子）に仕立てる」と批判されるように、彼らのコミュ障特性に対する反動形成（抑圧された敵意や攻撃性が加担しやすい）とも結びつきやすいリスクがある。

いまや男性性と結びついた暴力性を発揮すればハラスメントとどこでも批判される社会で、性愛においてはむしろ暴力が可能である（魅力となる）とすれば、相手の気持ちを読むことに疲れたコミュ障たちが恋愛工学に解放を感じる可能性があるだろう（自己啓発セミナーと似たリスク。男子の生きづらさについては、『週刊金曜日』二〇一七年六月九日号の特集も参照★15）。

以上、フツーの若者も「コミュ障です」といっておきたいとされるコミュニケーション社会において、一種ねじれているとはいえ、コミュ障文化は、居場所とコミュニケーションを考察しうる空間を形成している。

＊本論に関わる研究については、ＪＳＰＳ科研費JP15K03888の助成を受けました。

第3章　教育から労働および社会への「トランジション」

1 「トランジション」の浮遊

「ポスト青年期」[★1]で議論される若者の社会化の困難が、成熟拒否である「ひきこもり」現象も伴いつつ社会問題化している。[★2]一方それは資本主義社会の心性やアイデンティティの問題だけではない。資本主義社会が労働システムとしてもグローバル化と流動化の中で従来の教育から労働への移行＝「トランジション」を解体しつつあることによって、現実としても、就職できない＝社会の成員となれない＝「ポスト青年期」を引き起こしている。

雇用の縮小（終身雇用である日本社会では計画的になされていた新人社員の採用が、先行き不安の中で見送られたり縮小されたりしてきていたが、やっと昨今の「人工的な」景気の良さにより採用は戻りつつある。がそれもつかの間、経済界は終身雇用そのものを見直すとしており、採用時期も非限定化されようとしている）と大学進学率の増加（背景には、高卒学生の就職先の減少により、大学を卒業しないと就職できなくなったことがある）、教育から労働への移行（「トランジション」の固定した路線）の流動化と崩壊によって、非正規社員の増加のもとで正規社員職を見つけることへの強迫と不安を大学生（と特にその保護者）は入学時から抱いている。それは教育を就職のための道具と考える傾向を強め、結果的に高等教育の内実は崩壊し、若者の成長も妨げられ、ひきこもり圧力も高める悪循環となっている。

日本の、教育から労働への「トランジション[★3]」において、就職は終身雇用ゆえの「就社」であるという性格上、就職試験は能力より「人格」を審査する方式のものであり、職業教育は会社の社風ともカップリングしていた会社流の仕事の進め方をＯＪＴ（オン・ザ・ジョブ・トレーニング。職場での実地教育）によって行ってきた。だが、現在は、企業の環境と業務変化の激しさや職場研修をやる余力の喪失により、大学での教育の内容への今までにない要請がなされるようになってきている。

すなわち、「生涯学習社会」と呼ばれる、社会や環境の目まぐるしい変化に合わせた、再帰的な学習と新しい社会化の要請である。「教育」ではなく自らが永続的に能動的な学習主体となることを意味して「学習」、「能動性を強調した学修」が求められるようになった。

「生涯学習社会」は、能動的な学習をサポートするために、ＩＣＴ（情報通信技術）を利用した学習リソースの拡大を志向し、自治体等の情報公開を進め、図書館を利活用するなど、人々の自由や権利を拡大する方向性をもっている。それは、モバイルワークによる移動と居住の自由、ＳＮＳ等のネットワークによる人々の新しい繋がりなどといった新しい生活や社会のあり方とも関わっている。

しかし、一方、ネオリベラリズム社会においては、「生涯学習社会」のもとで要請される教育と労働への接続の変化は、労働者の不安定性と、保証の切り捨てによる労働、生活、アイデンティティの不安定化と企業による搾取を生み出している。

二〇二〇年度からの文科省の学習指導要領の変更[★4]に見られるように、日本の学校教育は現在、大幅な変更が行われつつある。この変更はメディアなどでは十分に議論されておらず、単に小学校に英語教育を取り入れたりICT教育を取り入れたりするという部分的な内容の問題としてしか語られていない。が、そこではより根本的な構造変更、「『教育』から『学習』（主体的な学び）へ」という、これまでのように知識・認識だけではなく能力および意欲（学習の三要素）を教育と評価の軸に据えるという変更を意図している。

これらは国際競争力の名においても人材力競争として進められているが、高等教育においても、大学入学試験の変更、大学認証評価における「（教学の）内部質保証と学修成果の可視化」の重点化といった教育方針の変更として始められている。米国では盛んになされている「成果（アウトカム）に基づく評価（ランキング）」やニュー・パブリック・マネジメント（NPM）等の考え方が日本においても学校に導入され、競争原理に基づき成果を重視した教学経営が進行し、アウトカム基盤型教育が全面化しつつあるのである。

以上のような改革は教育界において激震のように、というよりも皆その「トロイの木馬」の力がわからないまま静かに進められている。

「トランジション」については、社会の変化に伴う教育の質的な変更を焦点化し、日本では教育学者の溝上慎一が論じてきている。★5 溝上はまた、「教育から学習へ」の変容の重要性を主張し、能動的な学習態度としての「アクティブラーニング」の重要性を指摘し実践してきた。溝上は京都大学高等教育研究開発推進センターで新しい教育を研究・実践してきており、現在の教育内容の変更が、先に見たように教育の内容の部分的変更に留まるものではないことを最もラディカルに示してきた研究者でもある。そして彼は二〇一八年からは桐蔭学園理事長代理（二〇一九年には理事長）／トランジションセンター所長（および桐蔭横浜大学特任教授）として、中学・高校教育現場での教育を実践し始めている。

長光太志（2019）の指摘するように、「CiNii Articles」で「アクティブラーニング」や「トランジション」といったキーワードの検索を行ってみてもテーマに該当する研究論文はほぼヒットせず、多くの研究があるわけではない。長光はとりわけ実証研究の不在を指摘している。大学の学修成果の可視化の問題についても、大学が教学のＩＲ（Institutional Research。学内データを収集・分析し、改善施策を立案、施策の実行・検証を行う。ＧＰＡ（Grade Point Average）という成績評価から始まり、学生の生活時間や学習観のアンケートを取ったり、さまざまなデータから確認しようとする）を駆使して効果的な学習効果の要因を探し出そうとしながら調査結果が厳しい空振りに終わっているように、どのような要因が各学生の能力を伸ばすかを精査することはとても簡単ではない。あらゆる変数を導入して分析してみても、評価コストの増大を伴う空振りに終わりそうにも見える。何が学力の向上に関わるかについて、しかもデータで示せるエビデンスを伴った形で、人間の学習という全体的な活動を簡単に特定できるものではないだろう。ましてや、学力の内容がより抽象的なものとなり（考える力等々）、非限定化されて意欲等も掲げられるなら、それはより困難だろう。もちろんデータから見える、学習のための隠れた事実の認識は重要である。日本においても数少ないこれらの教育学の研究は意味のあるものであり、熱心に現在取り組まれている。が、医者が患者の身体のデータを見るときのような理系の発想と、教育における、特にコミュニケーションを伴う人間の活動における分析は同じものではないだろう。教育において評価のために学生とコミュニケーションの時間が減ることは本末転倒になりかねない。

「トランジション」の問題は、再帰的社会においては高度化・個人化し、個々人はそれについての戦略をもたなければ落ちこぼれてしまう（ギデンズのいうように、主体の高度な再帰化の成功者は少なく、大量の失敗者とそれに伴うアディクションを生み出す）。そこにはもちろん豊かな開かれた学習機会もあり、人々がそれにアクセスできる権利はもとより、自らの能力を生かせるよう「ケイパビリティ」（潜在能力。アマルティア・センのいうように、発展とは富の増加ではなく、人々が享受する自由を増大させることである。人々の選択の自由や機会を広げるため、不平等や社会的障害を取り除くことも含意）に配慮した学習のサポートが必要であるとの視点で、社会は次世代の学習への志向をもっている。しかしこぞって経済界主導でこれらの戦略が語られる時、その建前とは別に、さまざまな思惑が垣間見られることも、社会学的に分析する必要がある。

2　教育の大衆化・多様化に対する政策

教育のこの質的転換の経済的・社会的背景として、「大学の大衆化」が指摘されている。アクティブラーニングを世界に先駆けて導入することになったアメリカでは、一九六〇年代から一九七〇年代初頭にかけてまず学生の多様化を経験し、その主たる原動力は女性・少数民族・成年学生・留学生などの参入であり、この新しい学生の登場はそれまで学生に共有されていた基礎学力や学習へのモチベーションが新しい学生の間では必ずしも共有されていないという事態を引き起こした（溝上2016）。つまり、エリートなら意欲も態度もモチベーションも高いが、勉強する態度も身についていない新しい学生層が長時間の講義スタイルに適応できないと考えられた。

量の増大が質の問題へと転換されるという現象は、興味深いことだが、実は日本社会の就職活動においても見られたことであった。日本の就職状況において「エントリーシート」「自己発見」「自己分析」「個性」が声高に叫ばれる時は、逆説的に雇用の縮小と大学の選別が行われている時であり（バブル期は消滅していたが、九二年のバブル崩壊後、ディスカッション、ディベート、圧迫面接、面接回数が増加した）、アスピレーション（意欲）をクールダウンさせない手段であるという指摘がある（浦川2003）。建前の「多様性」「個性」は、現実には過酷な選別を不可視化する装置として利いてきたとされる。大卒者の増大（日本では一－三割のエリート人口から五割の一般層への増大）と雇用の一般的縮小という就職状況の変化によって、エリート教育から大衆教育への変更と同様に、学生の量の増大に対処する質的な方法への変更がここにも垣間見られる。★6 量の拡大を質に転化することで、量的な点での圧倒的な切り捨てを不可視化する方策（古いタイプの大学についていけない人たちにとって飽きさせず楽しい大学を演出し、就職からあぶれる人々に就職ゲームの中での目くらましをする?）であるという社会学的分析ができるだろう。

一方それは、エリートならすでにもち合わせていた学習意欲や態度、リーダーシップ等を底上げのために求め、人為的・教育的に身につけさせようとする新しい企業の人材戦略であるとも指摘されている。

小澤伸光（2014）は、「遅い選抜」に代表される長期的でOJT中心の人材育成は、変化の激しい現在では機能不全であるとされることを指摘している。一九八〇年代以降のSHRM（戦略的人的資源管理）、すなわち「企業環境や経営戦略に適合的な人事戦略がありそれにはベストプラクティスがある」という発想に替わりつつあるのである。

そこでは「才能」とされていた「リーダーシップ」は「経験」で育てられるとして、PBL（問題解決型学習）等チームによる教育実践が進められつつある。組織がますますフラットになる社会においては、全員がリーダーシップを取れる体制が求められる。こうして人的能力のあらゆる努力による引き上げが行われる。と同時に一方でそれがうまくいかない場合には、「質的転換レトリック」により、結果的には（従来とそう変わらない）エリート選抜の正当化が行われるだろう。

このように、新しいトランジションへの変化の一つの背景には、今見たエリートからマスへの変化がある。そこでいう「量から質へ」の転換は、エリートという同質性に基づいた均一な教育から多様な主体に対する教育への変更を意味する。そこでいう多様性は、障害者や外国人等への多様性やアクセシビリティ、個性の尊重も建前としては含むが、エリートから大衆への質の低下に対しエリートを依然実質的には選抜する現実とそれを不可視化する建前としても機能している。一方ではエリートの知識や能力そのものも磨耗するリスクをもちエリート自身も再帰的な教育を求められる環境があり、さらには足りないエリート代理を速成栽培している局面もあるだろう。

3 〈新しい能力〉論

ここで、論点となっている新しく求められるさまざまな能力を松下佳代は〈新しい能力〉（松下 2014）と名付けて考察している。

早くは教育社会学者の本田由紀（2005）は、既存の基礎学力に相応する「近代型能力」と、意欲や情動を含み込み社会の変化に対応できる力を意味する「ポスト近代型能力」という二つの能力観を示して、社会が個人に求める能力が前者から後者に移行していることを指摘し、「ハイパー・メリトクラシー論」[★7]として議論した。とはいえ同時期、すでに経済産業省は二〇〇六年に「社会人基礎力」（企業や若者を取り巻く環境変化に適応するために必要な能力、経済産業省 2017）、中央教育審議会は

「学士力」（グローバル化する知識基盤社会において必要とされる能力、中央審議会2008）を提案していた。その後もさまざまな「次社会型能力」が活発に提案され、松下は「一九九〇年代以降、さまざまな能力が矢継ぎ早に教育の世界で提案されてきた。私はそれらを〈新しい能力〉と総称している」とし、この〈新しい能力〉が「後期近代を生き抜くために必要な能力として（中略）幅広い範囲で目標として掲げられ、評価対象とされるようになった」（松下2014）と指摘する。長光（2018）はこれを「能力観のポスト近代化」と指摘し、アクティブラーニングはこの「能力観のポスト近代化」に対応する教育手法として期待されているとする。

溝上（2016）は「もし学校から仕事・社会へのトランジションが依然としてある程度成り立っていれば、きっとここまでの教育改革（アクティブラーニングの積極的導入）には至らなかっただろうと思う。こうしてここまでの教育改革を断行せざるを得なくなっている根源的な理由は、トランジションが十分に成り立たなくなったと社会が問題視し始め、その上で仕事・社会とを繋ぐ学校教育を再構築せよとして学校側に課題を突きつけているからと考えられる」と指摘している。

学力論争、知識詰め込み型教育批判として出現した「ゆとり教育」等、これまでも学力についてはさまざまな議論があったが、現在は、教育機関がネオリベラリズムのもとで競争させられ、エビデンスをもって教育成果を示すことが求められる。さらには文科省方針の圧力下でのアクティブラーニングをはじめとした〈新しい能力〉がこのエビデンスをもとにした競争の指標として機能している。昨今の文科省方針におけるＩＣＴ教育やプログラミング教育の導入計画は、社会的文脈の変化の速さと一定の方向を示している。背景としてのトランジションの困難への人々の不安は、教育をサバイバルする手段としてより道具化させ、教育と最も相容れない短期的効果へと人々を強迫的に駆り立たせていく。

4　社会保障の教育化

教育は、ケイパビリティを保証するものとして人々にとって絶対的に必要な権利ではあるが、現在のようにトランジションが浮遊した社会では、生存や生活が安定的に保証されて教育を選ぶ自由が保障されなければ、人々は、雇用可能性（エンプロイアビリティ）に向かって自由に教育へ開かれるのではなく、雇用と結びつく教育のみへと強制されていく。そこでは、教育はむしろ社会保障の権利からも人々を排除する規範と結合していく。

仁平典宏（2015）は、これについて、教育がもたらす現代的な排除として、「社会保障の教育化」という問題を論じている。

エスピン＝アンデルセンの指摘するように、「ポストフォーディズム」（フォードに見られる大量生産から、多品種少量生産に移行した体制）経済では、文化的・社会的認知的資本が重要になり、学ぶ能力にライフチャンスが依存するようになり、労働市場からの排除を防ぐために教育投資が不可欠となる（さらに幼少期の支援がコスト的にも意味をもつ）。

教育を新しい企業戦略として最も先駆的に政治的に企画したのは北欧であった。北欧は資源がなく、人的能力に経済が依存したからである。

北欧のように職業教育・訓練によって労働力の生産性を高め産業構造を高度化させていく政策は「アクティベーション」政策と呼ばれるが、これに対し、社会保障支出抑制のために就労自立を求めるアングロサクソン諸国の政策は「ワークファースト」政策と呼ばれ、教育と就労の結びつけ方についても、その計画性や広さの違いがよく指摘される。[★8] とりわけフィンランドの格差是正と平等教育に対する指摘に見られるように、北欧ではそれは北欧的な社会福祉政策とも呼応している。社会民主主義レジーム（北欧）では、労使の階級横断的連携のもとで訓練内容を決め、企業側の需要と労働者のニーズを両立させた職業教育が一般教育制度に統合される形で発展してきたのである。

しかし、仁平は北欧型の「アクティベーション」でさえ、製造業の高度化が省力化に向けた資本集約的設備投資を促し、技能の向上した労働力の受け皿を縮小させるリスクをもっていることを指摘している。その上で、メリトクラシーを生の条件とすることを自明視する価値秩序を相対化する方向にこそ教育をもっていくべきではないかとする。

私は、「フィンランドモデルを超えるために」（樫村 2008）という論文の中で、「情報社会と福祉国家の結合体」としてのマニュエル・カステルのいう「フィンランドモデル」について論じたことがある。

フィンランドモデルは、全面的な市場メカニズムや社会的不平等に基づくシリコンバレーモデルとは確かに異なる。しかし学校の統廃合や生活・貧富の格差はやはり拡大しているとされており、フィンランドの高校生たちは語学習得には熱心だが文化や社会への関心があまり感じられない（森・田中 2006）。実際、私は南仏に生活の拠点があってしばしば滞在しており、南仏にバカンスを兼ねてフランス語を勉強しに来ていた北欧の若者たちをたくさん見てきたので感じたことだが（北欧の高校生たちは高校を卒業したあと他国を旅行したり他国で勉強したりできるような猶予が与えられている）、彼らのこのような社会的チャンスはすばらしいと思いつつも、ドイツやスペイン、イタリアから来ていた若者たちと比べて、社会的教養の欠如や政治的批判の弱さをしばしば実感していた。シンガポールとまでは言わないが、国家が教育のあり方をあまりに規制するような社会では、そもそも社会的言説の豊かさ、複雑性は失われている。もちろん、北欧の文化の歴史自体、ヨーロッパ先進国の厚みのある歴史とは圧倒的に異なるが、全社会的運動や全国ストが起こりうる、フランス、ドイツ、イタリア、スペイン等と比べて、北欧の教育は管理主義的であり、生の多様性の点での狭さも感じざるをえない点がある。

5　評価と測定が教育にもたらす影響

教育における評価を考えることは困難であり研究の少ない中で、溝上や松下たちは、教育の可能性をより広げるために新しい教育観や教育方法を提言しようとしている。松下（2006）は、経営学における「雇用可能性」と呼応する「コンピテンシー」＝「特定の職務を遂行し高い水準の業績を上げることができる個人の特性」と、ＯＥＣＤ（経済協力開発機構）のＤｅＳｅＣｏ（Definition and Selection of Competencies）プロジェクトの「コンピテンシー」＝「心理社会的な条件が流動化する中で特定の文脈において複雑な要求にうまく対応する能力であり、認知的側面と非認知的側面の両方を含み、今日の世界に個人が適応することを超えて、適切なコンピテンシーを人々に与えることによって世界を変えていくもの」とは異なるものであるとし、後者の可能性を広げていこうとする。★9

樫村（2008）では、「ジルーモデル」（批判的教育学）と「レイヴモデル」（LPP：正統的周辺参加。徒弟制モデルを参照しつつ、学習者の学習の欲望やアイデンティティを重視し、それに関わる学習共同体やそこでの先輩や仲間への準拠に見たモデル）を検討しながら、知識基盤社会が依拠する、脱文脈化、脱歴史化、脱政治化、脱社会化する教育に対し、実際のところ、教育が文化や社会との関係において制度的に成立しどのようにその場で再文脈化するかを問題とした。

現在、教育の定義自身、より広いものとなり、「文化の再生産の実践と過程」とされており、先行する文化との関係抜きに教育は抽象的には構想しづらい。それゆえ、フィンランドモデルに解消されない（また、フィンランドモデルが排除している）可能性のある教育モデルを考える必要がある。

再文脈化、現実の教育現場において、アクティブラーニングの現在の導入のあり方に問題がないか、佐貫浩は以下のような提言を行っている。

佐貫（2017）は、「アクティブラーニング」論において、ただ表層的にアクティブであることではなく「ディープ・アクティブラーニング」（「アクティブラーニング」を思考のアクティブさとして捉える）を主張する松下佳代らの議論を認めながらも、それでも評価ありきの現在の教育の方向性の根本的危うさを指摘している。

例えば、「観点別評価」は、評価という作業を肥大化・膨大化させ、また教育の過程を評価の過程に置き換え、評価がもつ力を教育力として働かせる逆転の事態を引き起こさないかと佐貫は問う。パフォーマンス評価である「ルーブリック評価」（能力や態度など質的な評価測定を点数化した評価表）が、子どもの学習過程の個々の行動要素を対象として評価（点数化）し、子どもがその個別要素への評価を意識化して自己の個々の要素的行動をその基準に適合させようと意識すればするほど、評価は外圧化され、自己評価から遠ざかっていくという。評価の権力性が子どもの認識過程を支配し、子どもの情動や意欲と結びついた主体的思考過程を改変する危険を指摘するのである。

6 「学生エンゲージメント」

〈新しい能力〉の議論は、社会的文脈としては、競争のもとでのエビデンスや可視化の圧力下にあることを見てきた。それは成果（アウトカム）主導になりやすい。

これに対し、溝上の門下の山田剛史（2018）は、こうした動きや考え方を完全に否定するものではないとしながらも、成果（アウトカム）に過度に依存するのではなく、教育・学習の過程（プロセス）を重視する必要性を述べる。

例えば、実質的な教育改善のためには、成果のみならず鍵となる学生の経験（プロセス）に関する情報が必要であり、教育の成果は、どういう教育を提供するかよりも、実際に学生がどういう学習を行ったかに規定される。そして、政府や大学がターゲットにすべきは、アウトカムはどうすれば高まるかではなく、学生の学びへの参加はどうすれば高まるかであり、我々が本来目を向けるべき対象は学生の学びへの関与（「学生エンゲージメント」）であると述べる。

さらに山田は学生の成長・発達の視点を重視する動きも指摘する。エリクソン（E. H. Erikson）の発達段階理論によれば、大学生の大半が過ごす青年期後期は、アイデンティティの確立期であり、主体的に自分の人生を考え始め、自分は何者か、自分は社会とどう関わっていくのかなどの認識を固めてゆく時期である。同時に、大学生は、大学での教育・学習を通じて認知的・知的な能力のみならず、価値観や態度、心理的あるいは道徳的側面も含め、多様な領域で成長を遂げる存在である。一定の文化資本や経済状況など可変性・介入可能性の低い「社会経済的アウトカム」に比重が置かれがちな中で、教員と学生との交流や教育プログラムなど可変性・介入可能性の高い「発達的アウトカム」を重視する必要性が高まってきていると述べる。

こうなると、レイブモデルではないが、従来の大学のゼミや教師‐学生集団の再評価もここではなされることとなる。とはいえ、学習共同体はハラスメントの巣にもなる権力構造ももっているのであり、今の社会のあり方や学生のコミュニケーションやアイデンティティのもち方との差異を考慮しながら、再度考察していくことが求められているだろう。

なお、児美川孝一郎（2019）は、高校の量的拡張による、一九六〇年代の「高校多様化」（産業・労働政策と教育政策の連携が考察されようとしていたと児美川は見る）が頓挫し、新卒一括採用と日本的雇用の普及により問題は先送りのまま見た目は解消されたが、一九七〇年代以降は高校の〈職業社会との疎隔〉の結果、高校制度が〈自律システム化〉し、そこで学力や偏差値を基準とするような「一元的能力主義」を貫徹したために〈階層的序列化〉が生じたとする。そして、階層的序列化の解消の可能性について、現在の教育改革への懸念を表明している。

知識以外の、能力と意欲の重視について、「知識」を系統的に獲得することを抜きに、「資質・能力」を身につけられるのかと児美川は問う。また、高校学習指導要領を見ると、科目再編の特徴として国家主義と産業主義が確認できると論じている。さらに、「資質・能力競争システム」で家庭の文化資本等教育資源の格差が反映されることになり、ゆとり教育時の「トラウマ」から教育内容量は減らないため、方法と内容の矛盾が現場に押し付けられるだろうとして、「上」は伸びるが「下」は切り捨てられる可能性が高いと指摘している。

以上、教育から労働および社会へのトランジションにおける現在の変化、そこで要請されている教育の問題を見てきた。〈新しい能力〉の要請と、生涯学習社会での教育のあり方を真摯に議論していく必要があり、社会保障の教育化に対する批判と、メリトクラシーを生の条件とすることを自明視する価値秩序を相対化する（ただしメリトクラシーのもっていた平等原則は維持しつつも）ような豊かな教育やトランジションのあり方を考えていく必要があるだろう。

第Ⅱ部　企業

——組織流動化時代のマネジメント・イデオロギー

第4章、第5章は、マネジメントのイデオロギーや問題を論じた。これは狭義の「資本主義の精神」の問題である。

第4章「浮遊する組織を埋める「ストーリーテリング」」では、「ストーリーテリング」をテーマに、現在の組織の流動化がもたらす症状について論じた。「ストーリーテリング」（物語ること）が社会、とりわけ企業戦略を支配していることを可視化し分析と共に示したサルモンの『ストーリーテリング』が海外でベストセラーになり、日本では、二〇一〇年、『もし高校野球の女子マネージャーがドラッカーの『マネジメント』を読んだら』がベストセラーとなった。

現在では認知資本主義／文化資本主義／感情資本主義自体が「アテンション・エコノミー」（「注意経済」。情報過多で消費者の限られた時間を奪い合う時代に、情動に訴えかけて注意を喚起することでマーケットを制しようという機制）を動員し、「ブランド・イメージ」から「ブランド・ストーリー」へと広報戦略を変えている。この戦略を使用するのは、ネットワーク型組織において組織の意味が失われやすくアイデンティティの危機を抱えている新しいタイプの企業である。そこでは、労使の敵対や労働者たちの競争関係を否認する虚構として、矛盾を覆い隠す物語幻想が使用される。

精神分析理論が示唆するように、集団や組織を前にすると、個人の不安や退行は常に促進される。ビオンが指摘したように、明確な役割や制度と民主主義的な関係が維持されれば集団は大きな力を発揮するが、精神分析の創始者フロイトが集団精神分析を治療に想定しなかったように、集団は常に個人にとって危険なものである。フロイトが集団の現象の分析について示した枠組みでは、リーダーの自我理想に個々人の自我理想を代替させる形態を指摘していたが、現在では、組織の「全能」のイマジネール（幻想）に個人のイマジネールが重ねられ取り込まれていく。マクドナルドで働いたヴェベールがマクドナルドにおけるその問題を細かく分析した（第4章で詳述）。

「全能」のイマジネールそのものが現実と乖離した病理的なものであるため、それはモラルハラスメントと一体のものともなる。直接的なハラスメントでない場合も、ヴェベールの例のように、（宗教的）カルトに従属して主体の解体を引き起こすような事態が起こる可能性がある。「第三の資本主義の精神」（第5章）が導いてきた組織の流動化によって、ネットでの「エコーチェンバー」（反響室）現象（特定の意見や思想が増幅される）や、その結果、個々人の意見がバランスの取れたものから極論へと増幅され、集団として先鋭化された意思決定がなされる「集団成極化」現象、さらに教室の誰もが対象になるいじめなどが起こっているように、職場の人間関係においても、組織の流動化が暴力を誘発すると病理を引き起こす。

組織の病理とそれを覆い隠す幻想（ストーリーテリング）は、個人のアイデンティティの空疎化とも呼応している。序章でマラッツィが、サービス産業とコミュニケーション労働の中核化により、労働における「人格的関係」の機能が強化され、しかもそれが、労働保護とは結びつかず、職場で見られる従来の連帯ではなく、企業への「奴隷根性的」忠誠心、あるいは宗教的な洗脳による忠誠心を通じての結びつきとなることを指摘していると紹介した。例えば福祉業界、NPO業界でのキラキラ系人材問題（私はこれを福祉とNPO業界の「心理学化」と見るが）と、それがもたらす福祉の劣化としても、この問題は展開している。

「劣化する支援」シリーズで全国で講演を行った、子ども・若者支援の現場にいる田中俊英（2018）は、「社会起業家たち、ソーシャルビジネスな人たちが、貧困コア層を隠蔽する」と述べ、NPOやソーシャルビジネス業界にキラキラ系自己実現的組織が現れて勢力を拡大し、これらの人々が、貧困や排除の現場で最も重い当事者（貧困のみならずその背景として虐待や依存、ひきこもり等々がある。これを彼は「貧困コア層」と名付ける）とは向き合わず、彼らを支援から排除していること（＝「劣化する支援」）を指摘している。

田中は、下流層の拡大は貧困層内の分断を生み出しており、すなわち、学習支援や子ども食堂支援というリソースを享受できる貧困層と、そうしたサービスは他人事だと認識する貧困層中の貧困層（「貧困コア層」）に分断されていると指摘する（その中でもこの貧困コア層のことが見えている人々も存在し、それは児童相談所の職員であったり、貧困コア層の子どもたちと事業を通して出会うNPOの人たちだったりする。田中が主宰するofficeドーナツトークもそうであるとする）。

この問題は、単に彼らの浅薄さに留まらず、ほかにも例えば「休眠預金」をめぐる社会的活動の評価と相まって、大規模な構造的社会的排除をもたらすリスクがある。

「休眠預金等活用法」（二〇一八年施行）によって、一〇年以上引き出しが行われない、七〇〇億円にものぼる「休眠預金」を子どもや若者、社会的弱者の支援を行う民間団体が活用できることになったが、実際の現場で有効に生かすことができるのかが課題となっている。国が定める「指定活用団体」に多くの裁量や権限が集中し、また助成を受けるにあたり、「社会的インパクト評価」や「成果の可視化」が条件となっているからである。

内閣府が二〇一八年三月に発表した「休眠預金等交付金に係る資金の活用に関する基本方針」では、「国民への還元」「公正性」などと共に「革新性」や「成果」をあげることも強調されている（「イノベーション志向」のような価値評価がコンセンサスもないまま恣意的に忍び込んでいる）。しかし、NPOが行う活動は、長期的にじわじわと地域に変化をもたらすものや、数値での成果を表しにくいもの（もしくは数値での計測手法が確立されていないもの）もある。

貧困ビジネスを排除したり、税金の適正な使用をチェックしたりするためには、評価は必要ではあるが、一方でせっかく現場で実効性のある活動が、浅薄な（とりわけ安易な数量化による）評価指標で排除される危険性がある。

とりわけ福祉の現場では、例えばもともと抱えている問題も軽く就労しやすいクライアントは就労結果にすぐに結びつき支援団体の成果となりやすいのに対し、重い困難を抱えている人たち（「貧困コア層」）は簡単に結果に結びつかず、経営を重視すれば、こういった人たちは援助からはずされる。良心的で本当に彼らを援助したいと思う団体は、団体の経営を無視しても彼らを援助しようとするだろう。

一定の過程の中で、その重い困難を抱えた人たちも、ある日大きな成長や変化を示すことがある。その成果の大きさこそが評価されるべきで、このような線形ではない複雑で劇的な人間の変化の過程を、経済的効率性をベースとする数値で評価できるだろうか。

こうして安易なスローガンによって、キラキラ系NPO人材や組織が、無定形で不安定な組織を覆い隠す全能幻想に乗るリスク、しかもそれが重要な福祉財源を独占してしまうリスクがここには存在する。

ただし、ここで一方、「ストーリーテリング」の用語・概念についていえば、現在はむしろ、教育や社会援助の現場で、別の文脈で評価される実践にも用いられている。

例えば、小川明子が精力的に実践を行っている「デジタル・ストーリーテリング」に見られるように（小川 2018）、周縁化されがちな人びとにとって、アイデンティティの「物語」を協働的・対話的に生成し、共有することがエンパワメントに繋がるものとなっている。

小川の紹介によれば、「デジタル・ストーリーテリング」は一九九〇年代のサンフランシスコ・ベイエリアで誕生したメディア実践活動であり、多くの場合、映像のプロではない普通の人々がワークショップに集まり、日常生活をテーマにした身近な経験や想いを互いに物語り、デジタル・デバイスで声と写真を組み合わせて二〜三分のスライドショー形式の映像に編集して鑑賞し合う活動であり、この実践は世界各地で多様なエンパワメントの手段として活用されている。ユニークなのは、きわめて日常的で個人的な「物語」を通して想いや意見を表し、互いに鑑賞し、「物語」を通して理解し合うというコミュニケーション活動である。

文化心理学者のJ・ブルーナーは、一般性と無矛盾性を特徴とする「論理‐科学的様式」に基づく認識よりも、人びとは今も「物語的様式」の方に強い関心を抱きがちであると指摘した。デジタル・ストーリーテリングがユニークなのも、一般の人々が、想いや経験をそうした強い説得力をもつ「物語」様式で表現することでコミュニケーションを生み出し、共同体を変革していこうとする実践として展開されることにある。またうまく表現できない内面の葛藤や感情を託されたメタファーが、参加者の間で協働的に見つけ出されて撮影されることで、物語はより他者に伝わりやすくなる。

アテンション・エコノミーで人々を動員するのは、欲望を喚起する単なる強い刺激だけに留まるというわけではない。人々のメタファーに語りかけるような文化的な言葉（文学的な言葉・表現という意味で、デジタル・ストーリーテリングが示唆するような非言語的表現を含む）が力をもつ。ストーリーテリングが意味しているのはそのことであり、現在、自民党が電通を使って盛んにストーリーテリングを使用しているのも、これが文化の闘いであることがわかる。

第5章「日本社会におけるマネジメント・イデオロギー」では、前半で、マネジメント・イデオロギー批判を、「資本主義の新たな精神」「ポスト全体主義」「ストーリーテリング」「臨床社会学による企業組織分析」において論じ、後半では、日本企業におけるマネジメント・イデオロギーの具体的な実態を論じた。

まず、トヨティズムのイデオロギーと実態の乖離について議論を紹介し、人事システムの変更という社会的文脈との関係を分析した。

結局のところ、最も大きな変更は、一九九七‐九八年の金融危機以降、日本の企業統治が配当重視、株主志向へと向かわせられたことであり、労使一体の会社経営のメリットが失われる中で個人の労働の権利も守られない、過渡期の最悪の事態が起こっていることがわかる。これは、過労死の背景構造としても指摘されている、移行期の無責任体制、無秩序体制とも呼応する。

「新日本型経営」は、日本的な人材育成（動機づけ）を目指したアメリカからの逆輸入版（心理主義・内面化をはらみ、日本型経営が破綻した日本に逆輸入）としての「人的資源管理」（HRM）を取り入れたものである。そしてさらに、「戦略型資源管理」（SHRM）でキャリア教育とPBL（問題解決型学習）が推し進められているが、それは企業論理の教育への浸透であり、結果的には創造的な企業経営を阻害してしまう危険性をもつ。

このように、第4、5章では、企業の組織の流動化がもたらすリスク（とりわけ正当性と統合の獲得困難とそれに伴う症状としての現象）とその分析、現実における日本企業のマネジメント・イデオロギーの変化とその背景を確認する。

ドラッカー生誕一〇〇年と呼応した『もし高校野球の女子マネージャーがドラッカーの『マネジメント』を読んだら』（岩崎 2009）、略称『もしドラ』のイベントはこの間注目されてきた「ストーリーテリング」（物語ることがマーケティングなどで道具的・戦略的に利用される）の一例だろう。ドラッカーとその理論を盛り上げるという戦略のもとで書かれたストーリーであり、そのためにAKB48の成功を参照したものであり、再帰的な戦略性という点で「リアリティショー」であり（ストーリーは、野球部において感動を作るという主人公の作ったシナリオに沿って現実を生きるもの）、商品を作るために文化が動員される契機となった。そのストーリーのエッセンスがドラッカーにあることは、マネジメント・イデオロギーが全社会化しつつある時代や社会を反映している。「常によりよく」（イノベーション）は経済の問題であると同時に私たちの欲望とアイデンティティの問題でもある。だからこそ、物語は商品として資本主義に直結して奉仕し、「ストーリーテリング」として文化が動員されてい

く。[★1]

マネジメント・イデオロギーの人気は経営管理イデオロギーの全社会化と呼応している。しかしアレントやメダがマルクスの労働賛美を批判したように、人間のすべての性質や活動を労働（および経済）の論理に奉仕させる時、労働‐経済が担わざるを得ない効率や道具的合理性に人間を従属させてしまうことになる。[★2]

本論は、第1節で『もしドラ』に見る文化動員‐ストーリーテリング・マネジメントを検討し、第2節でマネジメント・イデオロギーの全社会化に対するフランスでのカウンター的批判を確認し、第3節で現場での実態を見るものとして、フランスでのコーチングを参照し、第4節で個人が組織と取りもつ同一化と要求の構造を精神分析理論から見ていく。

1 「ストーリーテリング」と「ナラティヴ秩序」

『もしドラ』は、「ストーリーテリング・マネジメント」の一つの事例といえるだろう。二〇〇七年にフランスで出版されベストセラーとなった『ストーリーテリング――お話を作り、精神を作る機械』で、作家のクリスチャン・サルモン（Salmon, 2007）は、一九九〇年代以降アメリカの大学で作家やシナリオ作家の教育に使われていた物語技術の単純な装置が、マーケティングやマネジメント、政治的コミュニケーションの「教祖」に、消費者や市民の精神を形成‐教育するために利用されてきたことを指摘した。サルモンは以下のような事例を挙げる。

戦争によって荒れ果てた町の通り、地雷が埋まった土地の上で子どもたちが遊び、一人の女性が夫を殺したとあなたを責めたてる。驢馬に引かれた荷車に乗って進んでくる男が、上司に命令された爆発物の密輸入者であるかどうかあなたは怪しんでいる。壁の落書きは見慣れないアラブ文字で書かれている。五分しかない。無線は早くやれと指示を出す。あなたはあなたのミッションを思い出す。すべてに用心しろ。

これは戦争映画のシナリオではなく、イラクに行く米軍の訓練用ビデオゲームの中の一節であり、一九九九年にペンタゴンによって南カリフォルニア大学に作られたクリエイティヴ・テクノロジー研究所で構想されたものである。この研究所の目的は、訓練の新しい技術を発展させることであり、ハリウッドの専門家がペンタゴンの任務に協力させられた。

認知資本主義／知識資本主義は文化を動員し、お話をすること（「ストーリーテリング」）やテレビゲームのようなヴァーチャル映像技術（マルチ感覚の世界におけるヴァーチャル技術としての「デジタル・ストーリーテリング」）が、マーケティングから軍事技術利用まで幅広く現場で浸透している。マーケティングやマネジメントのようなコミュニケーション技術が重要な場面で、ハリウッドをはじめとする作家たちを動員し、文化を「アテンション・エコノミー」（スティグレール）へと結合しているのである。

マーケティングでは「ブランドの危機」において「ストーリーテリング」が危機の出口として注目されてきた。サルモンによれば、ブランドの数は飽和状態であり、二〇〇三年には一四万件にまでブランド名が増えた（一九八三年から一〇倍に増えた）中で「ブランドの危機」が語られ、アメリカの二〇〇三年の調査では、気に入ったブランドは一年後には変わってしまう不安定さが指摘された。また「アンチナイキ運動」に見られるように、権威に依存していたブランド・イメージは、何十年、何百年かけて作られたとしても一瞬にして（日本においても雪印の例等々）崩れ落ちてしまう。「ブランド・イメージ」から「ブランド・ストーリー」へという転換への契機がここで起こった。

顧客は商品そのものにもまたその記号性としての生活スタイルにももう惹かれない。彼らはストーリーを欲している。マーケティングは顧客とのコミュニケーションでなくてはならない。ブランドは「正直な本当の一つしかない話」をベースに自らを構成し直し、消費者の心を個人的な回路で摑もうとする。ウィスキーで知られるシーバス・ブラザーズは、一九九〇年代の終わりにはブランド力を失っていたが、栄光時代を語らせるためにジャーナリストを起用して「シーバス伝説」を作らせ、見事に売り上げを伸ばした。こうして企業は、長年の権威の象徴としてのブランド名に依存するのでなく、ブランドのマークが象徴する神話やモデルが消費されるのだということに着目するようになる。★3

「ストーリーテリング」によるブランドの創造は、アップルやマイクロソフトのようなＩＴ知識企業のドリームストーリーと最も呼応していた。以下は、二〇〇五年六月、アップルの創始者・社長スティーブ・ジョブズが、スタンフォード大学の学位授与式に招かれて行った、伝説となったスピーチである。

私は今日、世界で最も素晴らしい大学の一つの学位授与式に出席でき、本当に光栄です。私は学位をもっていません。★4 今日、私はみなさんに私の人生の三つの話をしましょう。大した話ではありません。ただの三つのエピソードです。

ジョブズが語った一つ目の話は、彼の修行時代の話である。貧しい子どもが偶然タイポグラフィの授業を登録したこと。その偶然が美しいフォント機能を備えたパーソナルコンピュータの開発に繋がったこと。二つ目は愛と喪失の話。親のガレージで最初のマッキントッシュを立ち上げた伝説。アップルのサクセスストーリー、結婚。そして自分の創った会社から追放されたこと。三つ目は、死についての話。膵臓がんと診断されてから奇跡的に回復し、健康と共に彼の創った会社を取り戻して、新しい成功を導いたことである。

この話は私たちの時代を象徴する話である。ジョブズはニューエコノミーのスターであり、巨大な怪物的組織と戦い「感情の資本主義」を率いた教祖である。商品を生産するだけでなく知識を分有し情報を循環させ感情を管理する知識企業のサクセスストーリー、これが「ストーリーテリング・マネジメント」の始まりであるとサルモンは述べる。パワーポイントによるプレゼンテーション、チェックリスト、退屈な議論は、こうしてストーリーテリングに置き換わったのである。

グラスゴー大学のマネジメント専門家アンドレフ・ハチンスキーは、マネジメントの三つのタイプの教祖を分類している。一つ目はビジネススクール出身の学者、二つ目はドラッカーのようなコンサルタント、三つ目はジョブズやビル・ゲイツのようなヒーロー・マネージャーである。ドラッカーに見られるような二つ目のコンサルタント型のマネージャーのあり方そのものが「ストーリーテリング・マネジメント」の推進媒体となったとサルモンは指摘する。一九八〇年代以降、コンサルタント型のマネージャーである彼らは、彼らのコンサルティングした会社の成功や彼らの著書の売れ行きなどを自己正当化の材料とするようになる。教祖たちを追いかける「マネジメント聴衆」たちは、情報だけではなく、「信仰」を支えるストーリーを必要とする。彼らコンサルタント型マネージャーは宗教の伝道者のスタイルにより近くなってくる。自己正当化、自己による評価、それはその人自身によって端的に示される。聴衆の感情を動員し、彼らの心を開くのは「ストーリー」および「ストーリーテリング」である。

『もしドラ』の読者のドラカリアンたちは、マネジメント理論を応用した成功物語に自分を投射して、物語の感動を二重に味わっただろう。「もし私がドラッカーの理論を私の仕事（または生活）に利用したら……」。それはまさに自己実現のリアリティショーのシミュレーションである。[★5] 一方『もしドラ』はドラッカーの理念を一からストーリーにしたというわけではなく、著者・岩崎夏海が秋元康と共にプロデュースに関わったAKB48にまつわる実話‐感動体験（さらには註1で見たように岩崎のオンラインゲームでの経験）を表象したものでもあった。この意味では、岩崎の成功マネジメントの「ストーリーテリング」でもあったのである。『もしドラ』の主人公みなみは、AKB48の峯岸みなみをモデルとしていた。AKB48メンバーは全員がファンによる厳しい競争にさらされていたが[★6]（このファンによる瞬時の選別‐フィードバックもリアリティショーの手法である）、その中でも互いを支え合うあり方、特にメンバーの中でたいして目立った能力をもたない峯岸が自身をよく知り「自身の強みを生かし」他者のサポートに回っている姿に岩崎は心を打たれたという[★7]。

一九八〇年代の大企業の危機（官僚制、ヒエラルキー、フォーディズム）に対し、アップル、スターバックス、エンロン、ノキア、グーグル、ダノン、ルノーなど、脱中心化、フレキシブル、ネットワーク的管理、ナレッジ・マネジメントを行う企業が登場した。これらの企業は「ストーリーテリング・マネジメント」を用いる「ストーリーテリング組織」であるとサルモンは指摘する。また同様に、メガチャーチやハーバード大学、メトロポリタン美術館、グッゲンハイム財団等々も「ストーリーテリング組織」である。古いタイプの組織の解体と変容に伴い、このようなネットワーク型の組織において組織の意味は失われやすくアイデンティティは危機に陥りやすい。「ストーリーテリング組織」は、この企業の危機的なアイデンティティを物語によって構築しようとする。サルモンは、彼らは単にお話をするのではなく、ストーリーテリングが現実を隠し、同じ幻想を共有させているいると指摘する。

セネット（Sennett, 1998）は、この点について、より批判的に、労働関係の「虚構化」の増加を指摘している。現実には競争は激化しているのに「近代的なチーム労働の中で、労働者たちは競争関係にないという虚構」である。「もっと重要な虚構は、パトロンと労働者が敵対していないという虚構である。パトロンはグループのプロセスを管理するリーダーである。そしてこのリーダーという言葉は、マネジメントの現代の用語の中で労働者にとって最も悪質なものである」。

こうして「より少ないヒエラルキーとより大きいコントロール」という新しい時代の支配形式により、「ソフトな管理」「ソフトな野蛮」（Le Goff, 1999）、「新しいナラティヴ秩序権力」の時代に入っているとサルモンは指摘する。[★8]

2「マネジメントの全社会化」

フランスでは「新しい労働の支配の形式」について、六八年のイデオローグたちが行政官僚や企業の役員（cadre）になり組織の変容を進めてきたため、変化のあり方が大規模で急激であり、また批判の相手も問題も見えやすく、現場や知識人からは批判的な考察や対抗運動が行われてきた。ボルタンスキら（Boltanski et Chiapello, 1999）が指摘するように、現代の資本主義を牽引してきたのは、官僚制支配や巨大な組織の機能不全並びにそのもとでの個人の自由の抑圧を批判してきた六八年イデオロギーであった。しかしネオリベラリズムは国家の強力な主導と管理による市場の自由化の拡張でもあるゆえ（あとのダルドとラヴァルの議論参照）、フランスではサルコジがむしろ六八年イデオロギーを叩く戦略を取り、六八年イデオロギーをめぐる言説は混線しながら、ヘゲモニー争いの焦点となってきた。そして管理の全社会化は、グローバリゼーションによる労働現場の変容についての大規模な国民的ストに続き、教育現場、演劇等の文化現場（特にそこで働く非定期雇用の労働者 - アーティストの待遇をめぐり）等々で、政治のネオリベラリズム的支配への抵抗運動を連続して呼び起こしてきたのである。★9

企業を舞台に展開された「新しい支配の形式」である「マネジメント」は社会全体に波及している。そして管理の全社会化を「管理の病理社会」として全面的に批判するのは、臨床社会学者として困難を抱える人たちの現場と実践に関わってきたドゥ・ゴルジャックである。ドゥ・ゴルジャック（de Gaulejac, 2005）は、今日マネジメント的実践は産業や商業組織を飛び出て、中立性の装いのもとで社会のすべての領域を植民地化しつつあると告発する。公共サービス、アソシエーション、家族、人間関係……。究極の測定単位は金と利益であり、象徴的なすべてのものが「無意味なもの」になってしまうと批判する。彼の批判を詳しく見てみよう。

ドゥ・ゴルジャック『管理 - マネジメントの病理社会』

経営とは定義上は権力の組織のシステムを指すが、その見かけの中立性の背後で、時代の中で進化した権力の基礎や特性を理解しなくてはならないとドゥ・ゴルジャックはいう。

生産を組織するために管理は必要である。特に複雑な時代においてはそうである。しかしそれは人間、物質、技術、資本、知識、金などを、彼のいい方では、「音楽」のような調和のとれたものにするためにである。ドゥ・ゴルジャックは音楽の比喩を使うことにこだわる。音楽は協同的な作業を調和させる意味をもっているからである。彼は、現在の「管理 - 経営」とそれを支える（学問的）イデオロギーを、エピステモロジーの観点から、以下のようなパラダイムごとの議論があることを紹介し、批判する。

客観的パラダイムでは、現実を数理や指標や方程式に翻訳する。他のすべての言語に対し計算を優先する。この計算の優先の背後で支配するのは、金銭的利益である。

機能主義のパラダイムでは、組織を機能させる「よいやり方」があり、コンフリクトは機能不全と見る。暗黙に組織を生物システムや機械システムのように考える。そもそもすべての共同体には権力や矛盾や力関係のゲームがある。この意味で、コンフリクトは敵対する諸利益の立場の表現ゆえノーマルであるはずだが、このパラダイムでは排除すべきものと考える。[★10]

実験的パラダイムでは、客体化は科学性や真実の証明と見る。専門的手続きを経た合理性によってすべては組織化されている。諸問題を理解したり議論したりすることはなく、企業のアクターを道具化することで処理していく。

功利主義的パラダイムでは、思考はシステムにとって有効である時にしか問題とされず（例えばドラッカーのマネジメント思考はどう利益を導くかという発想をとる。高校の野球部における理念は甲子園に行くという結果のための道具として評価される）、批判的思考はそれ自身無意味であると考えられる。それは順応主義を帰結することとなる。ドゥ・ゴルジャックは、功利主義的パラダイムは経済学主義であるとし、管理のイデオロギーは、人間を企業にとっての資源と見ることに存するヒューマンリソース・イデオロギーであるとする。経済と社会の関係はここでは完全に転倒している。企業は社会を発展させる人間の資源なのではなく、社会が経済に奉仕するために動員されている。結局それは価値の選択の問題である。ここにあるのは手段と目的の転倒である。

またドゥ・ゴルジャックは今日の支配の形式について、現在権力の対象は身体ではなく「精神」であると述べる。「精神」を有用にし利益を上げるものにするために精神のエネルギーの流れをコントロールする（canaliser）のである。人間を管理する必要はなくなり知性と主観性を動員すればよい。このために自律し自由な人間を必要とするが、それは条件的な自由でしかない。すなわち「二四時間働く自由」である。新しい技術はコントロールされた自律の過程を強化している。事務所はもう必要がない。持ち運びできるパソコンとケータイがあればよい。企業にアクセスするには電源のさし込み口さえあればよい。各マネージャーは自分と共に企業を持ち歩く。これは究極の「マネージャーシステム」、「マネージャーのイマジネール」である。「経済戦争」という概念のもとで、稼ぐために企業のアクターは動員される。その企業をすべてに対抗して生き延びさせなくてはならない。「戦争」では勝利しなければ死ぬからである。

この権力は、個人を永遠のパラドクスにおく。マルクスを持ち出さなくても、すべての企業においては矛盾がある。資本と労働者の間に。最上のサービスと労働条件の改善の間に。至る所矛盾だらけである。「チームで働かなくてはならない」といいつつ、パフォーマンスの評価は個人ごとになされる。だからこそ矛盾を覆い隠す大きな物語幻想（ストーリーテリング）が存在する。抽象的な物語としてのイデオロギーは、組織や制度の具体的なあり方とは直結していないがために（しばしば哲学化・心理学化されているため）矛盾は可視化されづらい。またここでは個人においてパラドクスが生じる。企業がもはや個人にとって外にあるのではなく内面化（心理学化）されるからである。個人はこの矛盾を自分の中で生きなくてはならない。稼げは稼ぐほど取り分は少なくなる。成功すればするほど失敗する（成功によって次のトライアルで成功の基準水準が高く設定されることになるため）。パロアルト派はパラドクスは狂気を導くと述べた。問題はメンタルヘルス化されるのである（後述）。そして「最小の手段、予算で、できるだけの効果を」という目標が生み出すのは、ついていけない者の排除と、職業的な枯渇（épuisement）、ストレス、ハラスメントである。

金銭は生活世界を植民地化する。金は全能の幻想と無限の享楽を実現する手段となる。すべての扉を開き、すべての障害物を排除する。金銭は社会的パロール（言語）となる。交換の単なる媒介物ではなくすべての交換を可能にする。このような金銭の象徴界から想像界への移動、現実から欲望への移動が起こり、金銭に際限のない位置が与えられる。社会からの象徴界の排除は、スティグレールも指摘するように、文化のマネジメントへの動員と呼応している。★11

ネオリベラリズムのマネジメント・イデオロギー――ダルドとラヴァル

ダルドとラヴァル（Dardot et Laval, 2009）は、ネオリベラリズムが市場のレッセフェールの産物ではなく、レッセフェールの不可能（リベラリズムの失敗）を補完すべく国家がとった政治的選択の産物であることを強調した。そしてこの点でネオリベラリズムを政治的選択としてストップさせ、オルタナティヴを政治的に志向することを要請する。彼らはネオリベラリズムの歴史的源流に遡り、そこで現在の社会のあり方を構想した経済人たちのイデオロギーを分析する。

ダルドとラヴァルは述べる。「市場のままに任せた自由主義」（le naturalisme libéral）の失敗や欠陥を埋め合わせるものとして出現した「ニューリベラリズム」（le nouveau libéralisme）と「ネオリベラリズム」（le néolibéralisme）は異なるものである。ニューリベラリズムは、ケインズ理論に見られるように、すべての人間に利益を与える個人主義の自由社会を実現するために、国家の介入を正当化したものだった。労働の保護法、累進税、強制的な社会保険、公共投資や国有化等々である。これに対しネオリベラリズムはニューリベラリズムによって進められた経済的介入や社会的改革のオルタナティヴとして出現したものである。ニューリベラリズムと同じく国家の介入の必然性を認めるが、統治による純粋な受動性を破棄し、私的な利害の間の競争を妨げるすべての行為に敵対する。ネオリベラリズムにおいて国家は、ニューリベラリズムとは逆に、法的な措置等により競争的な市場を発展させ、この競争的市場を純粋化する。このようにネオリベラリズムにおいて市場は自然の与件ではなく歴史と政治的構築の人工的産物なのである。実際、ネオリベラリズムは分権化を謳っ

てきたが、スタンダード化は分権どころか集中を生んでいる。★12

ネオリベラリズムの誕生は一九四七年のモンペルラン協会の創立に始まるとされるが、それは一九三八年の八月、パリでのウォルター・リップマン・シンポジウムに遡る。この時リベラリズムの革新が問題とされた。ケインズ主義に見られる集合主義に対抗し、リベラリズムに帰ろうとするものだった。リップマンにおいて重要な言葉は「適応」であり、ネオリベラリズムのアジェンダは、人間と制度が「普遍化された競争」の上で成立する、絶え間なく変化する経済秩序に「適応」することだった。リップマンは、「適応」に反抗するだろう個人に対し、教育と優生学の必要性を論じていた。

メダ（Méda, 1995）は「労働が諸個人によって遂行されるのは、飢えに駆られてのみなのである」と述べている。ダルドとラヴァルはネオリベラリズムにおいて「競争への恐怖、挫折への恐怖、失敗や失うことの恐怖がモチベーションの力となっている」と指摘する。ドラッカーのいうイノベーションによる自己開花と、停滞による堕落は、表裏一体である。ネオリベラリズムにおいて、人々を常に競争させ（世界中どこにいても競争の土俵に乗せ――「競争の普遍化」）イノベーションへと駆り立てるためには、人々を安定させていた装置（既存の社会制度、共同体）からこうして引き離す必要があった。競争とイノベーションを普遍化する必要があったのである。

ダルドとラヴァルが述べるように、現在ネオリベラリズムは企業の統治から国家の統治へ、そして世界の統治へと拡大しつつある。国家は「普遍化された競争」の規範の普及において中心的な役割をなしている。商業・金融の流動化に開かれた統治を行おうとし、世界市場への統合の政治と結びついている。もとは「ガバナンス」は主権という意味をもっていたのに、この意味は現在消失した。企業の管理者が「コーポレートガバナンス」の枠のもとで株主の監視を受けるように、国家の統治者も国際的な金融共同体の監視を受けつつある（Dujarier（2015）参照）。

ゴリほか『呼びかけることを呼びかける』

精神科医ウリー（Oury, 2006）の述べるように、社会病理や精神医学の分野は最もネオリベラリズム的管理になじめない領野であり、「評価」の導入に最も反対しているのは精神分析家である。★13『コーチの帝国』でコーチ批判を行い、『全体主義的健康』で医療の全体主義的予防管理化を批判してきた精神分析家のゴリは、ラヴァルや、「評価のイデオロギー批判」などを著している哲学者のカサンらと『呼びかけることを呼びかける——意識の蜂起のために』（Gori, Cassin et Laval, 2009）を出版した。この書は、研究者、医師、ソーシャルワーカーなど「アントレプレナーシップ」論理によって攻撃されているすべての専門家の怒りと苦痛を指し示して『リベラシオン』に投げかけた宣言をもとに始まった動きを本にまとめたものである。

ゴリが精神科医として最も拒否を表明したのは、三歳以下の子どもの精神障害を将来の非行の予見的徴候と見る診断を取り入れようとした政府の政策に対してであった。精神医学における予防的マネジメントの一環としてのこの政策は、結局のところ、「予言の自己成就」や、医療を権力のために道具化する帰結を生むこととなるだろう。ゴリは拒否の請願運動を開始し、署名は二〇万人となった。彼らは、社会・文化的運動として、全国新聞、次いで地方新聞に呼びかけ、アソシエーションを構成した。ネオリベラリズムによる管理の全社会化は、専門家を道具化し専門的行為を倒錯化するとゴリらは述べる。瞬時の文化、広告とイデオロギーの時代の中で、労働組合運動や政党との連携も行った請願運動は機能したのである。★14

マネジメント・イデオロギーと社会学

ここで私の専門の社会学分野での学問的状況や影響を見てみると、まずフランスでは、経営学の影響でできた「経営の社会学」は、経営学のイデオロギーをもちこむこととなり、経営という現象を反省的に捉え返すことが失われつつあると指摘されている★15（Chiapello, 2008）。一方で経営批判社会学も生まれてきている。

ネオリベラリズム的な経営イデオロギーの批判については、以下のような議論がある（Metzger, 2008）。デュベは、経営 - 管理イデオロギーは、パフォーマンスの潜在的機能として、競争によって選抜されることをよしとする中で、社会的不平等についてはもう触れさせなくし、社会的不平等を正当化させる可能性をもつと批判する。マルセリは、昨今の金融腐敗に見られたように、現在の経営 - 管理イデオロギーは、他者を無視し自分のことしか考えない中で、ルール違反や社会関係の解体を生むと批判する。スティグレールは、現在の経営 - 管理イデオロギーは、利益を求め、計算可能なものに特化する計算化、量化および標準化をもたらし、狭い技術だけに焦点化してあとの変数を無視してしまい、パフォーマンスの圧力のもとでの技術システムへの適応だけを求めることになり、社会関係を退行させてしまうと批判している。

3 「コーチング」という新しいマネジメント

次に労働現場における新しいマネジメントのあり方を確認しておこう。ネオリベラリズムの組織に呼応した新しいマネジメントが労働現場で具体化されている事例が、昨今欧米で導入されつつある「コーチング」である。日本ではコーチングの導入についてはまだ進んでいないが、この事例について見る。

コーチとは「変化」の専門家であるとされる。ダルドとラヴァル（Dardot et Laval, 2009）は、コーチという用語はセクシュアリティとスポーツと仕事のアナロジーを示していると述べる。オブラン（Oblin, 2009）は『スポーツと精神の資本主義――スポーツ制度における政治社会学』で、スポーツは身体を生権力の支配下に置く点で、身体にも精神にも反していると指摘する。マネジメントという用語が資本と労働の間のコンフリクトを排除してしまえば、普遍化された競争を倫理とするネオリベラリズムにとって、スポーツ用語は違和感のないものとして適合する。

コーチングフランス協会（la SF Coach）によれば、コーチング事業の取引額は二〇〇三年に一億二〇〇〇万ユーロだったのが二〇〇四年には四億ユーロを超えた。フランスではコーチングという職業で二〇〇〇人が活躍している。コーチングに従事している人の五五パーセントは商業系か技術系の学校卒であり、あとはサイコセラピストである。彼らの使用するカウンセリング技術は、NLP（神経言語プログラミング）、交流分析、システム理論であり、しばしば種々のセラピーの自己流の合成（「セラピーのザッピング」「サラダニソワーズ」Gori et le Coz, 2006）である。★16

コーチとコンサルティングは異なり、コーチは専門家ではない。コーチは本人の前にすでにある真実へと導くとされる。顧客が自分を変えようとするために解決を見つけようとすればするほどそれは見つからないとコーチたちは述べる。解決策は外にあるのではなく多くは本人が鍵をもっているからである。コーチたちは自分たちの行っていることはセラピーではないというが、NLPのようなかなり暴力的に防衛をはずそうとする技術を使用する分には、人格を操作するリスクもあるだろう。

コーチングは、これまで行われてきた労働心理学やエルゴノミクス（人間工学）と異なり、労働条件や、人間に労働を適応させる方法を変えることには着手しない。★17 それはコーチングにとって埒外の領野となってしまっている。

イヴ・クロ（Clot, 2005）は労働現場での相談の増加は、パフォーマンスという労働組織の変容の問題だけでなく、サービス関係の一般化という仕事そのものの変化にもよっているとする。その上で、コーチングに見られるような、労働における問題解決の心理学化に対し、専門家の世界はそれなりの歴史をもったものであり、心理的関係に置き換えられるものではないと、コーチングの欠陥を批判している。労働世界の解体は、労働経験の蓄積や歴史性の中での知恵の伝達を解体しつつあるが、問題の解決のしかたにおける個人化・心理学化は、同様にこの労働現場での解決の排除も強化してしまう。

実際、具体的な現場で、どのような実践が行われているかについて見ると、仕事第一の中間管理職の上司が、私生活も大事にする現在の若者とうまくいかないといった人間関係において、自分を振り返るために使われていたりする。

ブラッスール（Brasseur, 2005）の挙げる一例では、外から抜擢されたあるリーダーがうまくいかずコーチングを依頼し実践したところ、コーチは、本人の責任ではなく組織に責任があることをこのリーダーに気づかせることができたという。しかし、組織の問題については結局のところ、指摘はされてもその改善に企業が取り組むことはなかった。これがコーチの限界であると批判している。

通常、組織はコーチに、問題をもつ人の側を変えることを要求するからである（ネオリベラリズムを構想したリップマンらのいう「適応せよ」である）。しかし場合によってはコーチの介入で組織に対し問題に気づかせることもあるという。[★18]

4　組織からの／への「要求」——マクドナルドにおける事例

最後に、マネジメント・イデオロギーとセットになった、従業員の組織への「自発的服従」について、主体の側からの参加に関わる要求やアイデンティティのメカニズムを分析した精神分析の議論を見ておこう。

フロイトの精神分析理論はほとんどが個人についてのものであり、集団や組織について語ったものは『集団心理学と自我の分析』（一九二一年）のみである。これを参照しながらグループの精神分析理論を展開したのはラカン派のアンジューやカエス、クライン派のビオンらであり、このグループの精神分析理論の議論の上で、先述したドゥ・ゴルジャック（Page et al., 1979）、アンリケ（Enriquez, 1997）等々が、組織の精神分析とそれを利用した事例分析を行ってきた。また、彼らの議論をもとに、ヴェベール（Weber, 2005）は、マクドナルドでの自身の就業経験を分析した。

フロイトの議論では、組織の各人が一人のリーダーに同一化して自らの自我理想を重ね合わせることで、退行的に個人が組織に溶け込んでいる様相を指摘してきた。アンジュー、カエス、ビオンらが指摘したように、個人はグループの前で解体の不安を示しグループに融合‐退行傾向を示す。しかしこの時ビオンがフロイトの不十分な議論を分節化したように、不安定な集団がここで役割や制度をもち組織化・明確化されると、個人のアイデンティティ不安を軽減し退行を抑制することができる。[★19] このように、明確な役割や制度は個人と集団にとってポジティヴな機能をもつ。これに対し、現在のように組織のあり方が流動的だと、明確な組織と比べて、組織を前にした個人の不安や退行は促進されてしまう。それを埋めるのが例えばストーリーテリングに見られるような、強力で抽象的なマネジメント・イデオロギーである。

ドゥ・ゴルジャックら（Page M. et al., 同）は、経営者のリーダーシップによって支配された組織ではなく、規律の見た目の不在、命令や決定の不在、規律の脱人格化・脱領域化といった特性をもつ、抽象的な構造の権力をもったある企業（著者らは「TLTX」と仮に名付けた）を分析し考察している。そこでは、フロイトがいうように、リーダーの自我理想に組織の各人が個々の自我理想を代替させるのではなく、組織の全能のイマジネールに個人のイマジネールが重ねられ取り込まれていく様相が指摘されている。

ヴェベールは、マクドナルドは行為の合理化原理という点で、すべてをあらかじめ計画化した組織として、このTLTXタイプの企業の特権的な一例であると指摘して分析している。

マクドナルドは「マクドナルドで働くことは一つの職業である」としているが、アリエス（Ariès, 1997）は、マクドナルドは伝統的なレストランの職業的アイデンティティを破壊したと述べる。伝統的なレストランでは、料理人は料理を作り、ウェイターやウェイトレスは料理を運び、専門的能力を身につける（フランスでは、ウェイター－ギャルソンは専門職であった）。しかしマクドナルドは労働者が多くの機能を担う。多能的労働者ではあるが、誰でもマニュアルを見てやれる交換可能な労働者であり、専門的労働者としてのアイデンティティは弱体化する。だからこそ「マクドナルドの労働者はメチエ - 職業だ」という虚構があえて語られる（＝ストーリーテリング）。「職業（メチエ）としてのマクドナルドでの労働」は、労働者の三分の二がこの多能工のアルバイトであり、七五パーセントの労働者が毎年替わる、学生の仕事である。しかしその中でもこの仕事に憧れ残り続ける一部の人々がいる。ヴェベールもその一人であり、マクドナルドに魅せられ二年在籍した。マクドナルドに見られる仕事の細分化の強化と無駄な時間の排除、在庫や遅れの排除に見られる管理はトヨティズム（本書第5章）からきている。マクドナルドではすべての労働者がユニフォームを着る。そこには「デモクラシー」が存在する。衛生上の問題もあるが、所属の感情機能をもたせるものでもある。またユニフォームは階層化されており、次の階級のユニフォームを着ることへのプロモーションと誇りとなっている。

ヴェベールは、自身の労働コミットメントの様相を三段階に分けて分析した。

第一の段階はイニシエーションの段階であり、仕事に慣れメンバーに認められていく段階である。若者はアイデンティティが弱く、属するグループや仲間を欲している。（擬似的な）理想自我への誘惑は、原初的な不安への防衛によって促進される。ここでは個々の理想自我をグループの共通の理想自我に代えていく。

次に第二の段階は、組織のイマジネールと直接関係をもつ倒錯の段階である。アンジュー（Anzieu, 1971）のいう「グループの幻想」から「組織の幻想」へと移行していく段階である。先の理想自我を組織の理想自我が引き取っていくのである。グループの幻想は同僚と保っていたが、組織の幻想は組織の面から見たものであり、個々人は単独で組織と結合する。もちろんグループの幻想も完全にはなくなっていないが、組織の幻想の方が優位となる。組織に直結し第三者的審級をもたないこの幻想は、ヴェベールによれば、アンジューのグループの幻想とは異なり、母子の融合と近い。労働者は組織のシステムからその欠如を埋めろと要求され、完全さやモチベーションを要求される。労働者の無意識は「母（である）組織」を満たそうとする。ここで労働者はそれぞれ「組織的対象a」を想定してそれに同一化し、欠如を埋めようとする。常に「もっとやれ」という命令に従い、際限がないのは「母親的超自我」の特性である。第三者的審級がないため、パフォーマンス的なこの支配は、（ヴェベールはこのように述べてはいないが）欲望以前の「要求」水準に留まるだろう。しかし各人が「組織的対象a」を思い浮かべるが、それらは互いに一致するものであるわけではなく矛盾したものでもあり、イマジネールでしかない。

第三の段階はイマジネールの段階である。実際には仕事のポストは限られており、評価による報酬はすべての労働者を満足させるわけではない。「常にもっと」はそれに見合う次の仕事や報酬なしではストップしてしまう。マノーニのいう「にもかかわらず」（Mannoni, 1969）の機制により満たされない現実を否認して、イマジネールを保ち続ける段階となる。

ヴェベールの分析は、パフォーマティブで際限のない現在のマネジメント・イデオロギーの構造的困難を指し示しているだろう。要求の際限のなさの袋小路の中で（背後には飢えと排除の恐怖がある）、労働者の欲望とアイデンティティのエコノミーは、こうして困難を抱える。「もっと」のイノベーションの中には解決のないシステムなのである。★20

第5章　日本社会におけるマネジメント・イデオロギー

本章では、日本社会におけるマネジメント・イデオロギーとその背景を見ていく。まず、前半1－4節で、さまざまなマネジメント・イデオロギー批判を確認する。すなわち、①「資本主義の新たな精神」、②「ポスト全体主義」、③ストーリーテリング、④臨床社会学による企業組織分析を考察する。後半では、日本社会におけるマネジメント・イデオロギーの具体的な実態を見ていく。

1　「資本主義の新たな精神」

ウェーバーにおける「資本主義の精神」の定義は、「資本主義の論理にとっての目的性とは異質であるものの、資本蓄積に好適な活動へ企業家を鼓舞する倫理的動機の総体」であった。これを参照し、ボルタンスキやシャペロ（Boltanski et Chiapello, 1999）は、資本主義を「形式上は平和な手段による、資本の無際限な蓄積という要求」と定義した。

ボルタンスキらは、資本主義の精神と資本主義の批判の歴史を以下のように整理している。

まず、「第一の資本主義の精神」は、一九世紀末、ブルジョワという人物像と結びついた家族的資本主義の段階のものであり、「賭けや投機、リスク、イノベーションを強調する一大絵巻の英雄的要素を一身に体現」した。

第一の資本主義は、労働者の権利や生活を侵害し、個人レベルでは解決できない社会問題を生じさせた。この批判はマルクス主義や社会主義（著者らがいう「社会的批判」）が担った。

「第二の資本主義の精神」は、一九三〇－六〇年代のもので、取締役や管理職といった人物像を中心に形作られ、大企業を中心とした資本主義の段階のものである。第二の資本主義は、フォーディズム的構成とその調整様式としてのケインズ主義的、福祉国家体制を構成する。第一の資本主義と異なり、企業家は個人ではなく組織であり、巨大企業の組織化と労働者の権利の拡大が進んだ。

第二の資本主義も、また新たな問題を生じさせた。今度は、組織や官僚制、福祉国家の負の側面が六八年の運動を契機に批判される。「社会的批判」に代わって、（第一の資本主義の精神の時にも現れた）個人的でアナーキーな「芸術的批判」が復活する（著者は「芸術的批判」と「社会的批判」は交互で現れるとする）。

「第三の資本主義の精神」は、一九九〇年代、グローバル企業と新たなテクノロジー、フォーディズムの原理やヒエラルキー組織の放棄、ネットワークとしての新しい組織と呼応し、物理的・精神的安全性を犠牲にしても、行為者の能動性や仕事における相対的自律性を重視した。

第三の資本主義は、現在指摘されているように、格差の拡大、雇用の不安定化、社会の解体、（私と公の）「結合主義的世界」の中での不平等と搾取を生んでいる。しかし、これに対し「社会的批判」は混迷している。「資本主義は栄えているが、社会は滅びつつある」「資本主義の批判の冬の時代」と著者らは指摘する。現代における批判の枯渇が資本主義の正統性の危機と病理を生んでいるのである。

2 「ポスト全体主義」体制

ル・ゴフ（Le Goff, 2002）は、現在を、「市場全体主義」、「全体主義的自由主義」と位置づけ、「ポスト全体主義」と名付けている。ル・ゴフは、アレントの全体主義の議論を参照する。

アレントは、全体主義を、永続的な不安定状態を生み出し、たえず新たな目的を目指して常に前に進むことのみが重要となる動的状態において社会を維持するものとしていた。アレントによれば、全体主義は、〈歴史〉（ボルシェヴィキズム）および〈自然〉（ナチズム）といった巨大な運動の中へ人々を入らせ、人類はそれに仕えるものとなり、そこではプロパガンダと組織化が機能した。プロパガンダは虚構の世界を構築し、人々は現実から切断される。組織化については、権威的な原則、明白な限定可能なヒエラルキー的原則が一切存在せず、媒介、権限、責任が一切破壊され、人々は無定形状態にされる。例えば、ナチでは、同職団体のレプリカである「前面組織」（正式な党員ではない、党友やシンパからなり、外界と党とのクッションの役割を担う組織。ナチによってあらゆる社会組織は党によって二重化された）が作られ、党員は、外部世界や現実と直接対面できなくさせられた。

ル・ゴフは、現実的なものの機能不全を強調して実験的とされる経験を評価し、生き残りと緊急性の適応論理（cf.「ショック・ドクトリン」。災害・戦争など大惨事につけこんで実施される過激な市場原理主義改革）で人々を駆り立てる現在の状況に「全体主義」との類似性を見出し、「ポスト全体主義」と名付けた。そして「全体主義」と「ポスト全体主義」の両者の類似性を、「内部分裂の否認と拒否」に見た。また、両者の差異については、「全体主義」には、「一者」幻想、「大いなる知」（マルクス主義等々）への従属、プロパガンダがあるが、「ポスト全体主義」は多元主義や多様性を主張し、不確定性を推し進めるとした。しかし、「ポスト全体主義」は多元主義や差異への権利を謳ってはいても、その内容と真に直面することは避け、自律、創発性、多様性という名の下において諸個人を同じ鋳型に押し込める。また「ポスト全体主義」では、「全体主義」のように「法則の統御」を主張せず、「生き残り論理」を主張する。言説は非一貫的で、専門家の知を操作し、コミュニケーションを手段として使う。コミュニケーションについては、対話や協議を賞賛してはいても、一種の隠蔽を行うことによって、現実には対話や協議を不可能にし、交流の象徴的次元を解体する。

3 「ストーリーテリング」

前章でも論じたとおり、サルモン（Salmon, 2007）は、「認知／知識／感情資本主義」の文化的動員において、文化は「アテンション・エコノミー」と結合されることを指摘した。また、マーケティングにおけるブランドの危機を、ブランドの飽和（ブランドは一九八三年から二〇〇三年にかけて一〇倍の一四万件に増加）と不安定さ（評判を落とせば一気に失墜）に見て、「ストーリーテリング」が危機の出口になったとした。そして、現在のようなネットワーク型組織（ex. アップル、スターバックス、エンロン、ノキア、グーグル等）において組織の意味は失われやすく、アイデンティティは危機に陥りやすいゆえ、アイデンティティを物語によって構築することとなる。ストーリーテリングは現実を隠して、幻想を共有させる「新しいナラティヴ秩序権力」である。

4　臨床社会学による企業組織分析

現代では、管理の合理化により、リーダーシップではなく、組織そのものの支配が進みつつある。そこでは、一人のリーダーが個人の自我理想にすり替わる（cf. フロイトの『集団心理学と自我の分析』）のではなく、前章でも見たように、組織の全能性のイマジネール（幻想）が個人の自我理想にすり替わることを、臨床社会学の企業組織分析において、ドゥ・ゴルジャック（Page et al., 1979）らが示した。

個人はグループの前で、解体の不安を示し、グループに融合‐退行傾向を示す。この時、不安定な集団が、役割や制度をもち組織化されると、個人のアイデンティティ不安は軽減され、退行は抑制される。しかし、現代では、組織が流動的なため、個人の不安や退行は、集団の組織化によって抑制されることはなく促進され続ける。それゆえ、ストーリーテリングのような、強力で抽象的であり病理的なマネジメント・イデオロギーがこれを埋めにくる。彼らは、このような企業を「TLTXタイプの企業」と呼び、規律の見た目の不在、命令や決定の不在、規律の脱人格化・脱領域化などをその特性とした。

同様に、これも前章でも触れたように、自らのマクドナルド（以下マック）での労働体験を分析したヴェベール（Weber, 2005）は、「マックで働くことは職業である」というマックのスローガンを批判し、マックは伝統的なレストランの職業的アイデンティティを破壊し、人々を多能的労働者、マニュアルでできる交換可能な労働者にすることを指摘した。だからこそ、逆説的に「マックの労働者はメチエ‐職業だ」という虚構が語られる（ストーリーテリング）。ヴェベールは、マックにおいて、リーダーシップや組織化を欠いた、労働者がバラバラなままでの組織幻想への同一化が見られ、労働者を病理に追い込む点を指摘した。

5　日本の企業経営と人材マネジメント

（1）日本的経営

日本の産業／労働社会学においては、ドラッカーが評価し一九八〇年代はアメリカから評価された日本的経営（論）について、批判的な研究や議論がある。

三種の神器である「終身雇用」「年功序列」「企業別労働組合」の他、従業員重視のコーポレートガバナンス、出向・転籍、新卒一括採用、株式相互持ち合い、安定株主の高所有比率、メインバンク制等々によって支えられる日本的経営は、これらの特性により、安定した長期的経営が可能であり、一方、輸出と同時に、昨今では「ガラパゴス」としばしば称される、個別製品のセグメントの量的小ささ、顧客の神経質なほどの品質へのこだわり、流行の推移の早さ等ドメスティックな製品市場の特質に対応した閉じた生産システムを維持してきた。

特にフォードシステムを超えるとされて着目されたトヨティズム等日本的生産システムについては、経営者たちの自己評価の高さに比し、研究者たちの評価は批判的である。日本の技能者の技能水準はそれほど高くなく、高い技能を生み出すとされる仕組みはほとんど機能していないとし（野村1993）、大野威（2003）や伊原亮司（2003）の期間工としての参与観察からも、専門工以外の一般技能者の技能は長時間の反復作業に耐えうる限りの程度のものであり、小集団活動も技能形成の機会にはなっていないこと、労働の強度の大きさとストレスの強さが指摘されている。また、トヨティズムの経営イデオロギーと比して、労働組織は一体感をもって統合されているわけではない[★1]。レギュラシオン理論研究者が指摘するように、フォーディズムを超える（ポストフォーディズム）

方法として「トヨティズム」とスウェーデンの「ボルボイズム」が注目されていたが、両者は全く異なる道を歩みながら、フォードシステムにおける労働の細分化を統合へと止揚しようとした。トヨティズムはそもそもフォードシステムを基盤に狭い日本市場に合わせて「多品種少量生産向け」に修正したもの（在庫の無駄＝作りすぎの無駄を排除するためのジャストインタイムシステム）だったが、「多品種大量生産」ともいわれておりフォードシステムを完全に超えているとはいえなかった。しかし九〇年代にベルトコンベアーの排除と細分化された作業の再統合による職務範囲の拡大等、ボルボ生産方式と類似したセル生産方式が生み出された。多品種少量生産では頻繁な段取り替えが必要であり、ベルトコンベアーのスピードは作業の最も遅い人に合わせているので実際には手持ち時間が生じてしまう無駄があることがわかってきたからである。一方、ボルボイズムは、労働の人間化の方針のもとでベルトコンベアーを廃止し自律的作業集団を形成していた。双方はベルトコンベアーの無駄の排除による生産性向上を互いに逆の方向から果たしたのであり、「ボルボイズム」の「労働の人間化」か、「トヨティズム」の「コストの徹底的な削減」かという点では大きな相違があった。トヨタでは、最初から労働の負荷をかけた基準を標準としたり、労働の中の余裕時間を極限まで切り詰め（セル方式のために）、二万歩以上の歩行や立ち作業を続けるなどの労働の強度が指摘されている（那須野 2004）。

現在、日本的経営は、グローバル化による国際競争のもとでの金融ビックバン、労働ビックバンを経て、コーポレントガバナンスにおける社長の専制的支配の終焉、外国人投資家株主の台頭等市場志向の環境変化を受容せざるをえなくなっている。また内部的な組織の問題においても、工業化時代のように情報収集に莫大な機会費用を費やさなくてはならない時代には、情報収集力は競争優位の源泉であり、大規模な組織とそこにおける官僚制による効率的な情報伝達は意味をもったが、ＩＴ化により情報コストは小さくなり、情報財の公共財化が進んだゆえ、フラットなネットワーク型組織が優位となってきた。そこでは模倣困難性の高い自社固有の資源・コアコンピテンスをどのように育成するかという資源ベース的な経営戦略の問題や、標準化された要素をアウトソーシングすることで自社を効率的にリエンジニアリングするというサプライチェーン戦略が問題となってきた（鈴木 2005）。

とはいえ、稲上毅ら（2004）の調査によれば、現在の企業の経営者たちは、日本的企業経営の慣行を直ちには否定しておらず、ドラッカーも評価したような、従業員と一体化した共同体的経営への志向性はまだ強い。また一方、市場や株主も純粋に利益を志向するだけでなく、年金ファンドなど機関投資家の社会的責任投資（ＳＲＩ）なども行われつつあり、これまでの社会に対して閉じた日本的経営から開かれた「企業の社会的責任」（ＣＳＲ）が問われつつある。また水平型ネットワーク型組織は、競争と同時に協力体制が必要であり、第三のイタリア（職人的中小企業が地域に集結し、ネットワークを形成した「イタリア的生産システム」とも呼ぶべき特質を備えたもの。フェレンツェ、ボローニャ、ヴェネツィア等）やシリコンバレーに見られるような、「弱い連結」による柔軟な専門生産システムを可能にする基盤としての社会的絆の強さ、産業的コミュニティが必要とされている（鈴木、同）。

現在の水平型組織は統合性が弱く、企業内や企業間で調達できない信頼関係や共同性が外部で維持される基盤が逆に重要とされているのである。

（2）企業統治と人材マネジメントの変更――「株主重視」と「成果主義」（宮本 2014）

一九九〇年代初頭、バブル崩壊以降、日本企業が迫られた制度変革は、①企業統治と人材マネジメント（HRM）の変革、②「株主重視」と「成果主義」であった。

一九九七‐九八年の金融危機以降、金融機関の持ち株比率が低下し、また、株式は時価評価とされた。さらに、バブル崩壊後の株価の急激な下落においても金融機関に保有されていた株式が放出されて、安定株主比率と相互持ち合い比率が低下し、代わって外国人特殊比率が増大していく。また、バブル崩壊後の企業収益の極度の悪化が、経営の競争力に目を向けさせることになる（一九九九年の日産危機、二〇〇〇年のそごう危機。そこでのメインバンクによる救済の不可）。

こうして二〇〇〇年以降、日本の企業統治は配当重視に傾いていく。また二〇〇二年以降、経営者報酬はこれまでの従業員給与との連動から、企業収益との連動へと変化する。そして、企業は執行役員制の導入を中心とした取締役会の改革を行い、職責意識の明確化を進めた。

「経営の自律を守るための株主配当という大義（名目）」が最初は主張されていたが、大義（名目）は実質にすり替わっていく。

（3）M&Aによる雇用と賃金の搾取（柴田 2014）

一九九九年「第一回産業競争力会議」（小渕恵三内閣）では、「過剰設備、過剰雇用、過剰借り入れ」の供給構造の改革が必要とされ、商法改正を通じた「選択と集中」の促進は、「過剰処理」の一つの方法と指摘された。Ｍ＆Ａは増加し、一九九〇年代半ばまで年平均五〇〇件だったのが、二〇一三年には二〇四八件となった。株式の時価総額をもとに買収が行われるので、上場企業における株価の重要性が高まった。株価を上げることは、買収防衛策でもあった。

株価を上げるためには、資本効率を上昇させる必要があり、賃金が削減され、株主配分が増加された。こうして大企業ほど非正規雇用を増加させていった。

（4）人材戦略の変化（宮本 2014）

成果主義の導入によって、業績悪化に対する経営組織の変革が行われる。そこでは、コスト削減と事業成果の向上が目指され、成果主義が導入される。しかし、日本企業の人材マネジメントの本質は、仕事を通じた長期の能力形成であり、この能力の評価のために職能資格制度を考案（「能力主義賃金」ｂｙ小池和男）していた。また、ホワイトカラーの能力評価の困難については、経験の評価を重視し、自動的昇給で実質年功制を取ってきた。それゆえ、成果主義との親和性は欠如していた。

結果的に、成果主義は、結果主義と短期主義の弊害を生む。そして長期雇用の維持と成果主義の導入による「ハイブリッド型（新日本型）経営」（自由な市場経済としての「市場型」と、調整された市場経済としての「組織型」の混合）の結果として、正規雇用の減少と非正規雇用の増大が起きた。

（5）成果主義の背景と効果（津崎ほか 2008）

一九八〇年代の米、一九九〇年代の日本では、内部組織の市場化が起こる。すなわち「ベンチマーキング」（労働者に自らの仕事が市場競争にさらされていることを意識させる手法）が取られた。成果主義賃金の導入は、二〇〇四年までに六割、一〇〇〇人以上の企業で八割なされ、組織に対する市場原理の導入がなされたが、結果的には、組織の効率性は低下した。結局のところ、成果主義の目的は人件費抑制にあり、評価制度の不適切な導入が労働者からの批判を浴びる。

（6）人事管理論と日本的特殊性

労務管理（ブルーカラー対象）→人事労務管理（PM、ホワイトカラー対象。身分的差別の撤廃と機械化によるホワイトカラーの増加により、労務管理を包摂。労使対立をはらむ）→人的資源管理（HRM、労使協調的であり、長谷川廣（1998）によれば「組合潰しの経営」）の変遷（江 2003）の中で生まれた「人的資源管理」（HRM）は、日本が高度成長期から九〇年代にかけて行ってきた人事慣行と類似している。分業体制が曖昧な日本の方が効率が高く、従業員のモチベーションも高いこと（教育訓練投資と動機づけ）が米によって学習された（上林 2011）ものが逆輸入されたのである。HRMを経て、日本型経営は、「新日本型経営」になっていく。

（7）キャリア教育とSHRM、PBL

キャリア教育について、鹿内啓子（2014）は、「若年者就職基礎能力」（厚生労働省、二〇〇四年）には、「企業が採用に当たって重視し、基礎的なものとして比較的短期間の訓練により向上可能な能力」（cf.「エンプロイアビリティ」）が挙げられ、「小学校・中学校・高等学校キャリア教育推進の手引き」（二〇〇六年）で、各教科の学習をキャリア教育と関連づけることを提唱していることを教育の手段化において批判する。

また小澤伸光（2014）は、現在、「遅い選抜」と表象される長期的でOJT中心の人材育成は、機能不全であるとされて、SHRM（戦略的人的資源管理、一九八〇年代～）、すなわち、企業環境や経営戦略に適合的な人事戦略があり、それにはベストプラクティスがあるという発想に代わりつつあることを指摘する。そしてここでは、才能とされていたリーダーシップを「経験」が育てるという発想が取られ、PBL（問題解決型学習）等チームによる教育実践が進められつつあることを批判する。

（8）日本の労働現場におけるメンタルヘルス

個人化・心理学化されたマネジメント・イデオロギーが日本の労働現場に与えている影響については、現在の労働現場の機能不全とそれがケアされている方法において確認することができるだろう。職場のメンタルヘルス問題である。

五年毎に行われる厚生労働省の『労働者健康状況調査』(2007)によると、仕事に関するストレスや悩みの存在を訴える者は増加傾向にあり、二〇〇七年で五八パーセント(ただし二〇〇二年の六一・五パーセントよりは減)、労働政策研究・研修機構の『労働者の働く意欲と雇用管理のあり方に関する調査』(2004)では八〇パーセントの正規職員がストレスを報告し、三年前と比べて六〇パーセントの正規職員が「増加した」と答えている。職場のメンタルヘルスの現場では、こうして問題を訴える人が増加しているが、昨今では、メディアでもしばしば取りあげられた「三〇代のうつ」が労働現場の変容と直結している。

新入社員の採用抑制(上の世代では補助作業をやってもらえる部下社員が存在したが、彼ら三〇代の世代は、補助作業を頼める部下の人数が少なく、その分自分で行わなくてはならない)、中間管理職を大幅に削減し現場に多く回すことでのコスト削減が一人の中間管理職に仕事を過重負担させたこと、クライアントからの納期やコストの要求の厳しさの増大、非正規職員の増加による正規職員の仕事の加重、労働時間の増加等々が、三〇代の正規職員の長時間労働と精神的重圧による精神失調を生んでいる。中間管理職への昇進をきっかけにしていることからもその因果関係は明確である。

中間管理職を減らしてフラットな組織にするなどの労働組織の変容は、一方ではストレスを軽減する要素ももつのではないかと、この調査ではストレスのマイナス要因変数も探っている。労働組織の変容がもたらす、ストレスのマイナス要因として浮かび上がっているのは、「労働時間の柔軟性」と「仕事の分担・役割の明確性」である。だが「労働時間の柔軟性が高まった」「仕事の分担・役割が明確になった」などの評価はなく、このような変化はもたらされていないことがわかる。すなわち新しいマネジメントがもたらすはずのポジティヴな要素は導入されていない。

すでに成果主義が職場のモラルを低下させる傾向は指摘されており（守島 1999）、特に多くの従業員が成果主義の前提となる評価の測定に疑問を投げかけるなど（立道・守島 2006）、成果主義については見直したり廃止したところも多い。とはいえ、国際競争のもとでの企業環境の変容の中で、新しいマネジメントの導入促進傾向が大きく変化しないとすれば、日本的労務管理にただ戻るのではなく、ストレスマイナス要因を導入しつつ、労働時間は減らす等々現場との対話の上での改革が必要だろう。とりわけ、第4章のコーチングの議論でも見たように、メンタルヘルス問題の背景が労働や組織の問題としてあることがわかっていながら問題を個人化・心理学化すれば、解決にはならない。

資本主義は、自身のうちに正当性をもたない運動であり、資本主義に人々をコミットさせるための理念やそれによって表象される制度を必要とするが、現在のネオリベラリズムは、すべてを流動化させるため、そうした理念や制度を成立させるのは困難である（「資本主義の新たな精神」の欠如）。それは、「ポスト全体主義」体制や「ストーリーテリング」、組織化を欠いた組織幻想によって埋められ、病理的であり、現実を否認している。

日本企業は、バブル以降、株主の時価評価への変更により、メインバンクが失墜、株主重視となり、M&Aによってコスト削減し、賃金を削減、非正規雇用を増大させた。しかし、人件費抑制のために導入された成果主義は組織を破壊し、組織をフォローする人材を過労に追い込んでいる。「新日本型経営」は、日本的な人材育成（動機づけ）を目指したアメリカからの逆輸入版（心理主義、内面化を組み込み、日本型経営が破綻した日本に逆輸入）としての「人的資源管理」（HRM）を取り入れたものである。さらに「戦略的人的資源管理」（SHRM）においては、リーダーシップを経験によって育てようと、「キャリア教育」と「PBL」が推し進められているが、それは企業論理の教育への浸透であり、結果的には創造的な企業経営を阻害していくだろう。

第Ⅲ部　福祉・医療——当事者の「恥」と「無意識の罪責感」

第6章、第7章は、労働から排除された生活困窮者や精神疾患者が現在、社会において置かれている状況を、労働社会との関係で論じた。

第6章「生活保護における「制度的逆転移」と「恥」からの回復」は、二〇一二年に起こった生活保護不正受給バッシングという具体的な社会現象を題材に論じた。前半では、戦後三回の生活保護行政の「適正化」期に、生活保護の「濫用」であるとして特定のカテゴリーの受給が攻撃されたことを取りあげて、生活保護をめぐる行政・メディア等の社会学的分析を、副田義也、藤村正之、菊地英明らの考察を追って論じた。後半では、ドゥ・ゴルジャックが指摘する、社会福祉制度の「制度的逆転移」の問題と、そこでの「恥」の問題を精神分析的に考察した。そして、貧困に対するバッシングは、むしろ貧困がもたらすイメージと不安に対する、人々の心理的反応であることを指摘した。

「恥」の問題は、生活保護と排除された貧困者だけの問題ではなく、失業者、非正規労働者、ワーキングプアをはじめ、競争流動社会の中で「ディーセント」な（尊厳をもった、人権に配慮のある）仕事を得ていない人々の問題でもある。社会に（よりよく生きることの）規範がなくなった現代、それに伴って「罪」そのものが消失していき、告白すれば許されるという、統合的である「罪」と比べて、情動性と伝染性によって関係を切断させる「恥」は、人々を孤独においやる。「恥」についての精神分析家ティスロンの分析は、従来の個人精神分析では、この点の分析が欠けていることを示している。

しかし、「恥」は自我理想との関係で、現在の自らを否定し努力する動機になりうるものでもあり、さらに、日本における「恥」の規範性を示唆した作田啓一の議論に見られるように、「恥」に、貧困を相対化する規範が関与できれば、社会を変えうる力ももつ。実際、日本には清貧思想のような、貧困を恥としない思想があることを副田は指摘している。

第7章「「過剰正常性」という症状と精神医療の崩壊」では、統計による精神医療の診断技術である「DSM」(特にDSM-Ⅲ以降)が、一九八〇年代以降、ネオリベラリズム社会にとっての「正常」を維持し「異常者」を精神疾患者として閉じ込める『正常』のための精神医学」=「ネオ精神医学」を生み出し、それは「過剰正常性」を目指す「予防精神医学」であることを指摘した。幸福や享楽が超自我的に命令され、幸福は「健康」という「正常」規範によって中身が定められ、人々はこの規範への同調を求められる。

この強制によって起こる「無意識の罪責感」という症状は、DSMでは削除されてしまい、精神分析がやってきたような治療は枠組みに現在は入っていない。人々はうつになり、薬を処方されるが、無意識的罪責感に対する超自我的自罰による満足やマゾヒズム的苦痛、抵抗などの「疾病利得」(むしろ治らないことを望むこと)によってむしろ薬依存となる。本来の意味での治療はなされず、薬も本来の意味での治療の文脈では使われず、むしろ、平均というノルムに対する抵抗や疾病利得として、逆に、薬によって症状を呈することとなる。

こうして、本来なら労働から排除された人々を統合するために機能すべき福祉や医療が、規範やそれと結びつく制度において機能不全を起こしていることを考察した。

第6章　生活保護における「制度的逆転移」と「恥」からの回復

二〇一二年に、芸能人の親族が生活保護を受給していたことに対して起こった、生活保護（「不正受給」）バッシングという社会現象は、局面を変えつつも歴史の中でくり返されながら、「症状」のように社会構造の葛藤や矛盾を示し、社会を映し出してきた。というのも、後述するように、最も激しいバッシングを行うのは、生活保護を受給している人々よりも生活が苦しいとされる、ワーキングプアの人々であったりするからである。ドゥ・ゴルジャックが、現在は「階級闘争の時代」ではなく、「場所を取り合う闘争の時代」（後述）と述べるように、排除される貧困者たちの連帯は困難となっている。それを助長するのが、貧困者たちの「恥」の感情と、この「恥」の感情がもたらす伝染性、社会的な脱統合機能である。

本論は、生活保護をめぐる社会現象を捉えてきた社会学研究を参照することから始めて、貧困におけるスティグマ（貧困者であると「烙印」を押されたように本人が受け取ったり、周りが偏見をもつこと）が貧困者を社会関係から疎外することを、さらに「恥」についての精神分析／社会学研究から分析し、社会関係の回復の重要性を提示する。

1　「適正化」と「不正受給」の社会学

社会学者の菊地英明（2001）は、戦後三回あった生活保護行政の「適正化」[★1]期に、濫用（保護資格の逸脱）をめぐって特定のカテゴリーの受給者が攻撃されたことを指摘している。一九五〇年代半ばの第一次「適正化」[★2]期には結核入院患者と在日韓国・朝鮮人がターゲットとなった。根本原因は緊縮財政だったが、彼らの受給率の高さがメディアや国会議員の間で問題にされ、引き締めに際し受給者の倫理性が問題にされてパニック的状況が作り出された。その後、現在の「不正受給」問題に最も影響を与えている「社保第一二三号通知」（後述）が生み出されたのが一九八〇年代の第三次「適正化」期である。この時治安対策としての暴力団摘発が生活保護の枠内で解決されようとしたため、濫用問題から不正受給問題への「翻訳」が強いられたと菊地は指摘する。

福祉元年（田中角栄内閣で、老人医療費無料化や医療保険の高額療養費制度、年金の給付水準の引き上げなどが導入された一九七三年）までの厚生省は、年金増が国民から支持されなかった場合に備えて保護水準の拡大を進める意識が強かった。しかしこの第三次「適正化」期のキャンペーン以後、不正受給そのものがクローズアップされ、暴力団の不正受給者は受給者全体のほんの一部であるにもかかわらず、厚生省は生活保護への国民の信頼が失われることで制度を充実させることが困難になることを恐れて、不正受給者対策に取り組み始める。悪名高き「社保第一二三号通知」（収入申告書・資産申告書・包括同意書の「三点セット」の提出を受給申請者に要求する施策。本格化は一九八二年から。生活保護を利用しようとする者および利用している者に対して無差別に不正受給との疑義を持たせ、調査件数を競わせるものとなった）のスタートにより、行政は今までは捜査権をもたないケースワーカーが挙証責任を問われていたが、報告書を受給者に提出させて不正受給発覚時の責任を一〇〇パーセント受給者に転嫁することができるようになった。また暴力団の不正受給でふきあがった、行政の不手際による受給への告発や行政当局への非難を避けることができるようになったと菊地は指摘する。一方、それは（例えば包括同意書による「照会」などにより）統計上の不正受給件数を増やして「不適正」イメージを形成することとなり、通知は諸刃の剣ともなった。

このように菊地は、一方での、不正受給者が増加したために引き締めが行われたとする単純な不正増加論、そして他方での、福祉切り捨てをもくろむ当局の悪意を前提とする陰謀論という極端な二元論に対し、暴力団関係者の受給をめぐるマスメディアのキャンペーンに苦慮した厚生省の施策が「モラル・パニック」（ある逸脱の原因がマスメディアを通して特定の逸脱集団に帰せられることで、人々の怒りや不安が増幅され、過剰な統制が取られること）を強化し受給者を排除していったとする社会学的分析を提示する。

戦後日本の社会福祉研究は、アメリカから輸入されたソーシャルワークの技術論とマルクス主義的発想による構造論の対抗から始まり、後者に親近性をもった運動論が六〇年代以降流行したと社会学者の副田義也（1996）は指摘する。三者の論理的対決は見られず、研究に対する社会的需要に応じて棲み分けていた。副田は社会の全体連関を見る社会学の使命として、厚生省史等の資料を材料に政策研究／歴史（政治）研究として四〇年間の生活保護行政を歴史的に総括する『生活保護制度の社会史』（1995）を著し、「I　制度形成期」（制度準備期（一九四五‐四九）、制度草創期（一九五〇‐五三）、水準抑圧期（一九五四‐六〇））、「II　制度展開期」（水準向上期（一九六一‐六四）、体系整備期（一九六五‐七三）、格差縮小期（一九七四‐八三））においてそれぞれ生活保護制度の歴史を社会学的に構成し記述した。そして副田は生活保護のサービスが劣勢となったことを、①生活保護担当官僚の対社会保険・社会福祉各制度に対する比重低下、②その結果、生活保護担当官僚の厚生官僚内地位の相対的低下、③敗戦後に形成された生活保護制度の時代的条件の影響の刻印が、高度成長後の国民生活変革への対応の阻害要因となったことに見る。そして当初は漏給者の発見や彼らに生活保護を受けさせることが生活保護行政にとって本来の課題の一つだったが、その後の厚生省にはそのような認識は見られなくなったとする★3（保坂（1996）参照）。

制度の内部で部分的な福祉技術を論じる社会福祉研究では、社会福祉を制度的に捉え返すことは困難である。しかし一方、その批判としてあったマルクス主義的議論についても、行政を体制的な悪玉としてこれに対峙する意識に特化しやすかった。こうして副田は、日本社会における官僚主導の政治文化のもとで社会福祉制度を政治分析において捉えようとした。藤村正之（1996）は、水準抑圧期の生活問題の深刻化、最低生活費研究の進展、朝日訴訟（後述）での異議申し立てと運動体の高揚によって生活保護研究のパラダイムがほぼ一九六〇年代に確立された中で、主流の生活保護研究がその磁場から抜け出せなくなっていたと指摘している。そして、これに対し、副田の研究は、厚生省が大蔵省との対抗の姿勢の中で、また受給者、運動体、メディアとの対峙の中で、自らの圏域を確保しつつどのような施策を行ったかを「テクノクラート的リアリティ」の析出において緻密に描き出したと評価している。

副田は『日本文化試論』（1993）で、日本社会の運営は官僚主導で行われておりそれは支配と庇護のパターナリズムであることを指摘していた。厚生省は被保護者や申請者、運動体に対しては自らのフリーハンド的政策領域を確保するため対抗的姿勢をとりつつも、当時保護基準の低さ自体は認識して保護基準の上昇を意図としては模索しており、大蔵省への抵抗を図っていた。そこには厚生省官僚の支配と庇護の両義性が歴史的に観察できる。副田は厚生官僚によって立案された「不服申し立て制度」が皮肉にも朝日訴訟を可能にしたゆえ「自らが作った制度によって自らが裁かれるという一面をもっていた」と指摘している。

副田同様、社会福祉の政策・制度研究を進めてきた社会学者藤村（1987）は、一九五〇年代後半の保護基準据え置きの時代、厚生省保護課が、マーケットバスケット方式に見られる恣意性を取り除き、議論の余地がないほど生活費や保護基準の理論的な基準を作ることに関心を注いでいたことを指摘する。そして厚生省は当時、研究者にこの保護基準の研究を依頼し、それは一九五四年には厚生省大臣官房総務課から『最低生活費に関する一研究』としてまとめられた。その内容は、当時の保護基準は動物的生存線を確保するに過ぎず、健康で文化的な最低生活の費用は保護基準の二倍程度を必要とすることを指摘していた。保護課はこうして当時の生活保護水準の低さという問題を科学的に提示しようとし、それは厚生省がのちに告発され裁かれることとなる朝日訴訟の主張と内容としては一致するものだった。一方で厚生省においては、この生活保護基準の引き上げには大幅な関係予算の引き上げを必要とするという政策的困難のため、無力感と焦燥感が漂っていたとする。

この時朝日訴訟（一九五七‐一九六七）が同じ問題を外から指摘する。国立岡山療養所で入院中の朝日茂は、入院患者の日用品費の不十分さ、捕食費の必要性をもって、保護基準の低さの非人権性、憲法（二五条）違反を訴えた。厚生省は、保護基準の低さを科学的範疇で確認し基準引き上げを大蔵省に望んでいたのであり、すなわちそれは朝日訴訟が望んだものと一致していたにもかかわらず、朝日訴訟には異なる顔で臨み、自らのフリーハンド的政策領域を確保しようとした。またより強い理由として藤村は、その二重規範の背後には、大蔵省主計局次長‐主計官‐各省庁‐顧客集団の系列に、「面倒を見てやる」式の慈恵的配分のシステムがあったことを指摘する。朝日訴訟運動体が指摘した保護基準の低さは、厚生省も『最低生活費に関する一研究』で実質的に認め、むしろ訴訟という社会的事実を大蔵省に対する予算要求の傍証的な材料としながらも、慈恵的配分システムのもとでは、大蔵省と厚生省は官僚の主導を守る協調路線を取ったのである。

冒頭の菊地の分析は、副田、藤村の研究に見るような、日本の厚生省（および予算を握る大蔵省）

の文化風土や制度の非制度的背景としての制度文化や制度の中での官僚の戦略を分析した社会学的分析の系譜に連なるものである。一二三号通知に繋がった不正受給キャンペーンは、暴力団を欠格条項(旧法第二条に見られる、保護対象にしない条件としての、「能力があるにもかかわらず勤労の意思のない者」等々、「素行不良な者」)で排除できないがゆえに、濫用を不正受給として取り締まったものだが、それは逆にメディアを煽らせてしまい、生活保護の正統性を守るためにはより不正受給の取り締まりへと向かわざるをえなくなった悪循環を生み出したことを菊地は指摘した。

同様に菊地は、生活保護制度は、無差別平等原則をもちながら実際には受給者の道徳性を基準に行政が裁量権を用いて特定の者を優遇したり排除してきたりしたことを歴史的事例から示している。彼の示す事例は母子世帯の受給である。

占領期、日本国家は戦争未亡人‐死別母子世帯(および傷痍軍人)への戦後補償を重視したがったが、GHQが国家のために戦争に向かった国民への戦争補償というカテゴリーを認めず、普遍的カテゴリーでの補償を主張した。それゆえ行政は母子加算等々のカテゴリーを駆使しながら、戦争未亡人を保障してきた。しかし一九七〇年代以降は、離婚等による離別母子世帯が急増する。そこでは、戦争未亡人のような社会の道徳的同情は得にくく、むしろ家族規範からの逸脱者として行政裁量による排除の対象となっていく。

副田は「厚生官僚は善玉でも悪玉でもなく置かれた環境によりどちらでもなる」存在であると述べる。官僚の置かれている社会的/政治的構造に対するリアリスティックな認識は、実効的な政治運動や政治交渉のためにも必要なものだろう。とはいえ、これらの社会学的分析が、「適正化」と不正受給バッシングのような社会現象を、偶然とさまざまなエージェントの力学の相関だけで見ていては、やはり社会構造の長期的な分析を十分に行うことはできないだろう。

厚生省の生活保護基準の研究や厚生省の当時の官僚たちの方針は確かに生活保護水準を少しでも上昇させていくための具体的に重要な政治的条件だったが、一方、生活保護基準の引き上げには、池田勇人内閣の所得倍増と福祉への政策転換を進めた高度経済成長といった条件があった。また逆に一二三号通知の制度的な条件については、一九八一年に発足した臨調(臨時行政調査会)が「増税なき財政再建」の理念のもと、行政のスリム化や歳出の抑制を掲げたことの影響が大きく、そのもとで補足性の運用は強化された。不正受給キャンペーンの悪循環においては歴史の偶然や諸エージェントの均衡関係、意図せざる結果はありながらも、大きな構造要因としてやはり、財政的逼迫、福祉に対する政治的理念(とりわけワークフェア)、日本型福祉等々が存在するだろう。副田は、水準抑圧期に適正化対策と基準引き上げ準備を同時並行させる厚生省の官僚的平衡感覚を評価しているが、その評価そのものが社会学的に中立といえるかどうかも再度問い返すことが重要だろう。[★4]

むしろ一方で、官僚たちが政策を企図する時にどのような理念や社会観の上で行っているのか、またケースワーカーはどうであるのか、そして彼らが自分たちの施策の評価に関わると気にする国民およびそれに影響を与えるメディアがどのような社会観をもっているかが、社会学的にも大きな意味をもつだろう。フランスでもネオリベ官僚(しかも六八年世代)の評価が問題となっている今、日本でも、論壇や官僚における昨今のコスト優先、形式合理主義優先のネオリベ的な社会観を問い返していくことが必要であると思われる。

2　近代的「理念」と前近代的「運用」のずれ

一方、ネオリベ以前に存在する、日本の社会福祉における歴史的な人権意識の弱さは、度々生活保護研究でも問題とされてきた。また個人単位の生活保護への改正がすでに支援者や現場からこの間提言されている中で、今回の家族主義的バッシングは起こった。

生活保護の歴史を見れば、確かに一八七四年の恤救規則、一九二九年の救護法、一九五〇年の生活保護法のいずれも、被保護者に対する親族扶養義務が条文として規定されており、日本の救貧行政の原理であり続けてきた。しかし現在は二〇〇〇年の介護保険と社会的介護のスタートに見るように、日本の実状には合っていないと多くの研究者が指摘する。介護保険の時に議論されたように、家族にすべてのケアを負わせれば、家族が重要な精神的支援者としてのセーフティネットであるのにそれを遠ざけ、結果的に当事者を孤立させてしまうと後藤昌彦（2011）は危惧する。

生活保護法第四条（保護の補足性）では、生活保護制度が、生活保護受給者の自己責任で果たしえない最低生活を補足的に援助し、民法上の扶養や他の公的扶助制度を利用しても果たしえない最低生活を補足する役割を規定している。扶養義務は刑罰によって担保されたり、需給要件となっていたりするわけではないものの、民法上の相対的扶養義務者に対しても扶養義務が広がっていることについて、英米のように生活保持義務（夫婦、未成年子に対する親の義務）に限定しなかったのは、当時は日本の国情がそこまで個人主義化されていなかったからだと仲村優一は指摘している（仲村 1978）。

しかし後藤は、夫婦を核とした世帯での生活維持が中心となっている現代社会では、民法に定められた扶養履行を求める生活保護法の補足性の原理はすでに現状に合っていないとし、老後の生活維持について「家族が面倒を見るべき」と考える国民は、一九九五年には一二・八パーセント、二〇〇一年には七・九パーセントにまで、すでに減少してきていることを指摘する。逆に「社会保障などでまかなわれるべき」と考える国民は、一九八〇年代以降増加傾向にあり、二〇〇一年には四六・三パーセントを占めている。また二〇〇七年の『国民生活に関する世論調査』では、老親の扶養世代である四〇 - 五〇代に老親の扶養への経済的・精神的余裕がないことが指摘されている。彼らの悩み（複数回答）の六三・八パーセントが「自分の老後の生活設計」であり、それは二〇〇一年の五六・二パーセントを上回っている。核家族の進行、ライフスタイルの違い、老人医療の高度化からも、現在一緒に住むことが困難になってきた老親と子は、すでに介護保険などで介護の社会化を進めつつある。

でありながら、今回のようなバッシングが起こるのは、自分自身は面倒を見ることができないが、老人福祉も貧困である社会において、将来ますます困難となる（自身も含めた）老人福祉と不安を前にしたフラストレーションの発露であると考えることさえできる。十分老親を扶養できる収入をもつと思われる芸能人へのルサンチマンであり、自らの後ろめたさへの反動としての攻撃だという解釈も可能だろう。精神分析的に見れば、親を扶養しないことがモラル・パニックになる時には、そのモラル・パニックが異様に激しいものであればあるほど、すでに人々の中に扶養しないことへの隠れた欲望とできないことに対する否認があると考えることもできる（これは中流の一般的反応を述べているが、一方で、当事者に対するとりわけGメン的な告発者についていえば、自分たちの老後どころか現在の生活が苦しいような層、生活保護水準かそれ以下の最低生活者、また自らも申請したのに生活保護がもらえなかった者が多いとされる。そこにも中立的な理性的反応というよりは、ルサンチマン的な感情的反応が確認できるだろう）。

また、ケースワーカーの技術的未熟性や、近代的社会保障理念に民生委員が馴染まず前近代的救貧思想が現行制度にいまだ根付いている点は度々指摘されている。それゆえ、福祉の現場そのものが差別の再生産を生み出していると批判される。[★5]

まず自立の努力があり、それに対する助長として扶助される今の運用は、「救貧」や「救済」であって「防貧」や「保障」ではない。「救済」には、過去の公的扶助法の欠格条項に見られた、貧困を怠惰と見る、上からの恣意的施与の思想があり、そこには救済対象の差別化・限定化がある。地域のボスとしての民生委員の主観的判断によって、そのお眼鏡にかなわなければ申請の意思が阻止される例もあったという。こうして新法においても運用の段階では旧法と同様のことが行われており、そこには理念と運用のギャップがある（志賀2011）。岩田正美（2003）は生活保護制度が「傷病や障害が利用要件となっているわけではない」にもかかわらず、実際は「主に傷病や障害、あるいは老齢を介して行われている」ことを指摘する。それゆえ、貧困→生活保護ではなく、貧困→傷病や障害→生活保護というプロセスをたどることとなるのである。

3 メディアが仮構する「アンダークラス」と過剰排除／包摂

適性化と不正受給のキャンペーンの歴史で見たように、そこで活躍したのはメディアである。官僚は世論とメディアに自らの正統性を依存するがゆえに記者クラブを通じて世論を操作しようとしてきた。しかし、歴史的には、メディアの暴走が官僚にもコントロールできなかったことが一二三号通知を誘導するといった現象を引き起こしていたことも確認した。現在のメディアはますます感情化し、インターネット空間との相乗効果も含めてこの傾向を強めている（樫村 2007b 参照）。

生活保護の報道史についてもう一つ重要な点は、よくいわれるように、派遣村やワーキングプア、ネットカフェ難民などがメディアで浮上する二〇〇〇年代より以前の、一九八〇年代から九〇年代には、ほとんど貧困についての報道がなく、貧困は日本では不可視化されていたことである。

一方で、菊地（2001）は、一九八五年度から九五年度までの一〇年間に、保護率は世帯ベースで七割、人員ベースで約六割に減少、受給者は七－八パーセントに留まったことを指摘し、それまでは戦後ほぼ一貫して世帯数が増え続けてきたことと比べると、この減り方は人為的な操作を想定しなければ説明できないと指摘する。確かに戦後すぐの貧困に対応して設置された生活保護は高度経済成長においては受給者を減らしたが、福祉元年（一九七三年）を宣言した途端に福祉が困難となった一九七〇年代後半以降、日本は福祉国家化を頓挫したまま（日本型福祉で切り抜けようとし）、その後の貧困を無視し続けてきたのである。そしてそれはメディアによる不可視化と連動していた（その中で機能したのは司法だけだった）。

湯浅誠は、一九九〇年から二〇〇二年までの一三年間、朝日新聞の見出しにおける「貧困」はアフリカなどの例ばかりで国内は七件しかなかったと指摘する。それは必ずしも実際の貧困がなかったことを意味しない。貧困をライフワークとするジャーナリストの水島宏明は、「ネットカフェ難民」（二〇〇七年新語・流行語大賞トップテンに選ばれる）を造語し、NHKのワーキングプア報道などと共に、先頭に立ってのちの二〇〇〇年代の貧困報道ブームを作ってきたが、イギリスにおける福祉報道の多さと豊かさに対し、日本の福祉報道の貧しさを痛感してきたと述べる（水島 2009a）。これまでの不正受給の記事のほとんどは、厚生省の監査や会計検査の結果をもとにした官庁発表記事であり、記者クラブで配布された資料をもとに書かれた原稿でしかなかったと批判する（水島（1990）。堀江（2018）も参照）。

貧困報道がブームになった時のメディアの勢いとそれが当事者を救済する力をもった事例として、水島は、日比谷公園の年越し派遣村の例を挙げる。当時、派遣村でのテント宿泊の事前許可を得るのは不可能と見た主催者は、公園管理者である東京都に日中だけの使用許可を申請していた。こうしてテントが強制排除される可能性はあったのだが、全国から派遣切りされた生活困窮者が日比谷公園に泊まり込む事態に、マスコミも災害に匹敵する緊急事態だと報道して世論を形成し、排除すれば政府は人道に反するという非難を浴びかねない環境を作ったのである。

しかし一方でこの時、派遣村が現今のセーフティネット制度に対して投げかけていた新しい意味、ワンストップ・サービスや総合的支援の意義などを詳しく報道したものは少なかったと水島（2009b）は指摘する。それどころか一方では派遣切りの被害者と、もともとの野宿者を区別して書けと大手新聞では指示が出た。大手新聞はこうして当時人々の注目を浴びたセンセーショナルな話題をただ「消費」していたのであり、そのつけは現在の逆転報道に繋がっている。結局のところ、貧困者のステレオタイプと排除を当時変えるだけの姿勢をもっていなかったとすれば、評価も批判も根っこの所では同じ「消費」でしかないといえるだろう。[★6]

水島は当時の貧困ブームの時代においても、このステレオタイプが存在したことを指摘している。報道関係者は当時、取材現場で取材対象者探しに苦労した。もちろん対象者自身が取材で顔を出すことなどを拒んだこともあるが、「けなげ」に「頑張っている」貧困者が共感をもたれる日本社会で、「自己責任」だと突っ込まれない対象者を探すのが難しかったのである（水島 2008a）。

自らも当時のブームを作ってきた水島はこれに対し、意欲さえも奪われ反社会的傾向にも陥る貧困者の現実を伝えようとした番組『ネットカフェ難民』第三作に挑む。水島は番組で一九歳の元不良少年ホームレス、ヤスジ君のありのままを描く。ヤスジ君は生後間もなく親に捨てられたばかりか、里親にも一七歳の時に見捨てられ、一八歳の時に施設を退寮したあと野宿生活に陥っていた。NPOもやいの支援で生活保護に繋がりアパート暮らしを始めることができたが、掃除・入浴・洗顔など日常生活の基本ができないばかりか、生活保護費は支給されると一、二日で使いきってしまい、スタッフが金銭管理を助言するようになる。ある時ヤスジ君は「夜遊びができない、干渉しすぎだ」と食って掛かり「金がなくなって万引きしようが俺の自由」と逆ギレする。この逆ギレシーンに視聴者から「あんなワルに税金を使って生活保護などとんでもない」と批判が集まる。こうして、当事者のありのままの現実を伝えようとした水島の番組は「玄人受けはするが一般視聴者の反発を買う」番組となった。支援者と一般視聴者の意識にはこうしてかなりの乖離があった。水島や大山典宏（2008）は、生活保護報道の矛盾する二面性を指摘する。「水際作戦」を扱う報道に登場するのは、高齢者、障害者、病気で働けない人であり、一方、「受給者バッシング」報道では、若い母子家庭の母親や求職中の若者である。

後者がミュルダールが一九六三年に、到来する脱産業化の犠牲者として指摘した、階級上昇が構造的に閉鎖されている階級外の存在「アンダークラス」（以下UC）である。[★7] 深澤建次（2011）は、UCの外延の多様性と仮構性に着目する。UCは自在に「undeserve」な（価値がないとする）属性に帰属させられ過剰排除されている。公衆観念を明確に拒絶する（undeserve な）行動傾向は、臨機応変かつ危機感を促すように構築され、この主体がUCと呼称される。そして逆説的にそのUCの構築自体が、それと対照的な公衆の創造となる。こうして過剰排除と過剰包摂は同時になされる。深澤は、中産階級の価値観の内実が空虚となり実在信仰があやふやになったからこそ（流動化社会の中で）これを仮構しなければならなくなったと指摘する。そして、いかに不安定賃金でも異議を唱えず黙々と働くワーキングプア（以下WP）は、主流で廃れた勤労精神を想起させるために称賛され、「deserve」（価値がある）とされるのに、WPを拒否した場合、例えば育児に追われて就労しなければ「怠惰」、福祉を受給すれば「無責任」（undeserve）とされる。★8

4　福祉の側から向けられる「制度的逆転移」と当事者の「恥」

日本よりはずっと進んだ反貧困政策を組んできたフランスでは、一九八八年末に社会的参入策として参入最低限手当（revenu minimum d'insertion: RMI《エレミ》）を設定した。フランスでの手厚い社会福祉サービスは、日本の生活保護に見られるセーフティネットの貧しさとは比べものにならないが、それでもRMIはスティグマを生み出し失敗した施策としてフランス社会では批判され続けてきた。RMIは社会的参入策でありながら、結局雇用に繋がるのは困難であり、永久に抜けられない層をそのまま維持することとなってしまったからである。フランス社会における、このような永続する貧困のもとにある人々の心理を分析したドゥ・ゴルジャック（de Gaulejac, 1996）は、貧困と不可分である重要な社会意識である「恥」について分析する。

ドゥ・ゴルジャックは、RMI受給者（RMIste）が互いに同じ生活条件のもとにありながら、連帯するのではなく、自分は他者とは違うとし、軽蔑し合う困難な状況を指摘している（日本のホームレス研究でも指摘される現代の貧困文化の特性である）。現在は階級闘争の時代ではなく、「場所（仕事等、社会における位置）を取り合い争う」（de Gaulejac et Taboada-Léonetti ed., 1994）時代であり、闘争において人々が個人化されてしまうからである。「軽蔑に対する闘いこそが革命的なのだ」とするジャカール（A. Jacquard）の言葉を引きながら、ドゥ・ゴルジャックは、社会福祉制度（およびそこでのケースワーカー等）の「制度的逆転移」（le contre-transfert institutionnel）について指摘する。すなわち彼らの生を保障すべき福祉制度そのものが彼らを排除し、彼らに憎しみを喚起することを意味する。求めることがすでに屈辱であり、福祉事務所にたどり着くまでにもすでに十分にアイデンティティを傷つけられ、意欲を失いつつあるＲＭＩ申請者は、面接において書類や対象や番号のように扱われる。彼らは確かに「食べたり、働いたり、住まいを必要としている」が、同時に「創造したり、愛したり、楽しんだり、希望することを必要としている」[★9]。しかし制度や、また制度のもとでワーカーと彼らが結ぶ関係により、彼らは「貧困者」として他者化され、「恥」の感情を与えられる。「恥」の感情は、彼らを社会関係からさらに分離し孤立させていく。

貧困研究の第一人者リスター（Lister, 2004）も、恥辱と屈辱が貧困経験の中心にあることを指摘している。貧困者は、恥辱と屈辱に抵抗しようとして、尊厳と尊重・敬意の場所を社会の中に見つけようとする。ロールズ、セン、ヌスバウムは自尊心を重要な基本財とした。貧困は失敗の印であり、福祉手当の受給者は依存者だとみなされる。ベル・フックスのいう「文化的シチズンシップとしての尊敬ある表現への権利」がここでは奪われる。

情動的であり社会関係を含む「恥」についてフロイトはあまり研究しなかったが、ラカン派精神分析家ティスロン（Tisseron, 1992）は、社会的に統合される「罪」と比べ、統合が困難で否認されたり隠蔽されたりする「恥」がもつ社会的危険を指摘している。「恥」は、「ナルシシズムの備給」「対象備給」「愛着（対象関係に見られる、欲求より優先する関係性および社会的次元を含意）備給」の三つの備給の断絶を生むことで、同一性の危機を生む。「恥」は、理想の感情との関係で形成されるものであり、自らのありように対する距離をもたせてしまう（こんな自分は情けないとする）という意味ではポジティヴな存在でもある一方、「恥」の感情を抱いたまま、自己の状態や周囲の状況を変えうる可能性がなければ、周りと遮断されてひきこもる状況を生む（前者は「警報としての恥」であり、後者が「症状としての恥」である）。自分が自分の自我理想と一致していないことの気づきからナルシシズムの備給の断絶が起こるが、それは主体が所属している集団から排除される脅威を生み、対象備給と愛着備給の断絶へと同時に結合していく。主体の同一性は同一性を支えるネットワークと相互不可分だからである（オラニエの「ナルシシズムの契約」（le contrat narcissique））。主体は内的な目印（自我同一性）と外的な目印（他者と社会性）の両方を同時に喪失し混乱する。こうして「恥」は関係だけでなく自我そのものの危機（両者の不可分性を含意するものとして、ティスロンは、ウィニコットやアンジューらの「自我の外皮 - コントゥナンス」を想定する）を招く。

このような主体の危機は、「恥」をばねに主体の再構成を生む契機ともなる。しかしそうでない場合、あきらめ、無気力、自己破壊を生む。「恥」は「罪」のように社会統合性をもたず（罪を告白すれば許される道が用意されている）、その情動性と伝染性によって社会関係を切断し、脱統合的である。例えば、「恥」の光景は見る者を失墜のイマージュに直面させる。「自分の中に閉じこもり、受動的で、押しつぶされ、従順で依存的な恥じる主体は、各人のうちに、いつの日か自分も同じ状況に立つのではないかという不安を目覚めさせる。他者のイマージュの悪化は、自己像の可能性の悪化」（Tisseron, 1992）を呼びさますのである。

こうして、「恥」についての考察を補助線として、貧困に対するバッシングは、貧困がもたらすイメージと不安に対する人々の心理的反応であることがわかる。「アンダークラス」をモラル・パニックにおいて道徳化することができれば、その伝染性は自らにとっては感染することのない安全なものとなり（または感染しないように遠ざけることも正当化され）、異質なものとして切断できるからである。ティスロンは「恥」についての救済においては、社会関係が必要であることを指摘する。本人の自我理想を回復し、そのためにそれを支える他者と社会関係が重要なのである。

「恥」はこうして「罪」と比べて社会的危険性をもつことをティスロンは指摘した。が、ベネディクトが、日本には「罪の文化」がなく「恥の文化」しかないと指摘したように、すなわち、西洋における内面的な罪と対比して、世間を母胎とする一定の名誉基準に照らして我々が劣等であると信じている自我の一部分が白日の下に露呈される状況が日本における「恥」であり、それは内面的ではないとしたように、日本はこの点で社会的排除からの離脱が困難であるとされる。

しかしこれに対し社会学者の作田啓一（1967）は、ベネディクトが指摘した日本の「恥」を「公恥」（人前でかく恥）とし、日本にも内面が存在する例として作田が分析した「私恥」と区別した。「公恥」が所属集団に対する感情であるとすれば、「私恥」は準拠集団に基づくものであり（一人密かに抱く恥）、日本人に準拠する対象がある限りでそこには罪に近い内面的な「恥」が存在するとし、これを「羞恥」とも呼んだ。作田は「羞恥」の内面的な側面を強調し、所属集団への埋没的な繋がりから、準拠集団への参照において所属集団を離脱していく可能性を指摘した。同様に、池上英子は、日本人において強く内面化された規範としての武士道、サムライ精神を、「名誉型個人主義」として評価し、社会の危機（藩や幕府の政治の腐敗に対する批判的行為や幕末期の改革運動など）への能動的参画のエートスとなったことを指摘している（池上 1995＝2000）。

それゆえここで、貧困者の「恥」を、物理的貧しさのような当該社会の（過剰包摂的な）規範に対する恥ではなく、作田のいう「羞恥」、言いかえれば「矜持」のような、外的規範に抵抗しうる内的規範への恥と変えうるなら、そしてそれを可能にする社会関係が営めるなら、そこにも「恥」というう、自己を対象化する心的メカニズムのポジティヴな意味が存在することとなるだろう。「恥」は貧困において当人を社会関係から排除するとされるが、その「恥」の感情に、貧困を相対化する規範が関与できれば、それは目の前の社会状況を超越する契機をもつ。貧困であることが恥にならない内面性、「貧困が恥だと感じること」自体が恥だとする規範である。

副田（1993）は、作田（1967）の議論を参照しながら、「恥」は業績主義の動機を強化するとし、明治維新以降の近代化の推進力の一つは「外国人に笑われまいとする心がけ」だったとする。[★10]他方で、「恥」は業績主義に基づく競争心を抑制すると指摘する。競争は自己顕示を伴うが、限度を超えた自己顕示は、それを行う人自身にとっても、それを見る他者にとっても恥ずかしい。そして羞恥心をもつ大衆の共同体は、業績主義によって結びついた徒党のエゴイズムと対決する拠点となり、エリートの挙動を沈黙しつつ批判してきたとする。羞恥心は集団の内部に安住することが許されぬ人々の基本的感情であり、その限りで集団の垣根を越えた連帯を形成した。また副田は、日本における禅やわびに見られる清貧思想が、貧困をプラスと見る発想をもっていたとする。こうして近代的人権思想が十分浸透していないとされる日本社会の特異性の中に、経済至上主義を恥ずかしいと感じる清貧思想や、貧乏であることを恥としない規範の可能性があるとするのである。

また青木紀(2010)は、明治以降の抽象的な学術用語である「貧困」に対し、昔から使用され人々の日常世界に溶け込んでいる「貧乏」(最近では「ビンボー」)という言葉は、自虐性や風刺的精神を含んだ洒落(「貧乏人の子沢山」「貧乏の花盛り——この上もなく貧乏なこと」など)やことわざにも使用され、封建制の時代には貧困の社会的世界(間主観的世界)が成立していたと述べる。青木は「貧乏」という言葉の使用にはあきらめや納得が支配的だったというが、少なくともそこにはユーモアが存在し、貧困は個人化されておらず社会性をもっていた。松本哉の結成した「法政の貧乏くささを守る会」に見られるレトリックは、この貧乏という言葉の歴史性をリソースとしているだろう。こうして日本の伝統の中の清貧思想をリソースとしつつ、貧困を生み出す社会の貧しさを批判して

いく可能性もあるだろう。[★11]

5　生活保護者の内面と関係の回復

湯浅誠が内閣府で始めたパーソナルサポートサービスは、派遣村のワンストップ・サービスにもその精神が見られたもので、支援と管轄行政の縦割りの弊害を乗り越え、制度に人が合わせるのではなく、人に制度が寄り添い、ニーズに向き合うことを優先し、場合によっては新しい制度を作ることを目指してきた。しかしさらになぜ「パーソナル」であるかを見る時、複雑で多様化・個人化する社会の中で個別多様なケアが必要であるというだけでなく、承認や社会関係を回復するというねらいが込められている（各地のパイロット事業は多様性をもっていたが、例えば福岡ではとりわけ「関係の困窮」と「絆支援」が目指された）。病理が心理化する社会における精神的（関係的）サポートを評価するからでもあるだろう。さらに、「制度的逆転移」の関係とは異なる、ドゥ・ゴルジャックのいう「実存的関係」を取り結ぶものでもあるだろう。[★12]

パーソナルサポートサービスをさらに広範に個々のニーズへとダイレクトに繋げ、また具体的な支援に結びつけるものとして二〇一二年度から始まった電話相談「よりそいホットライン」は、従来の「いのちの電話」に見られた傾聴を超えたものとして、全国でスタートし、すぐに電話が殺到した。悩み別のトップは、男女とも「心」であり、「人間関係」がそれに続いた。生きる瀬戸際

（食べるためのお金がないなど）からのSOS電話もあり、すぐに支援団体に繋げるケースもあった。が、生活保護受給者による生の困難の訴えも目立っていた。

「よりそいホットライン」の都道府県別アクセス数が東京都（一位）に次いだ愛知県で、生活保護受給者の相談にも関わった「草の根ささえあいプロジェクト」の代表渡辺ゆりかは、健常者と障害者が垣根なく一緒に働く場を目指す「わっぱの会」で支援を行ってきていた。「草の根ささえあいプロジェクト」でも、当事者と支援者の垣根を越えた、多様な関わりの場が形成されてきた。渡辺によれば、支援の中で、生活保護の受給者が孤立している印象を日々受けており、「草の根ささえあいプロジェクト」の調査からは生活保護を受ける前より社会から孤立してしまう事例も多く見られた。

生活保護受給者は保護を受けているのだからそれでよしとされがちだが、彼らはドゥ・ゴルジャックのいうように「創造したり、愛したり、楽しんだり、希望すること」から疎外されているのである。そしてそれは（精神分析的にいえば）むしろ生きるための基本的な欲求（自我を支えるもの）である。仕事がない、パートナーもいない、将来が不安、さみしいといった具体的な声を私たちは聞かなくてはならないだろう。制度の狭間にあるこのニーズの意味の重要性を理解し解釈できることが重要なのである。

第7章 「過剰正常性」という症状と精神医療の崩壊

1 ネオリベ社会におけるうつ

健康アプリ、職場のストレス・チェック等、健康についての規範や強迫性は高まり、「働き方改革」において労働時間も制限される中、当の労働の量や強度は減少しておらず、労働強化が行われている。また、労働現場での連帯の解体と労働者の競争化、労働者の地位の不安定化も伴って、労働運動の条件は悪くなっているのだが、これらの条件は考察されることなく、個人化・心理学化されて、うつを生み出している。

一九九九年以降の日本におけるうつの隆盛について、二〇〇二‐二〇〇六年の厚生労働省の疫学調査では、過去一年間に日本人の五〇人のうち一人がうつ病になり、これまでの人生で一度はうつ病になった人が一五人に一人である。またこの一〇年で二・四倍になっているとされる。二〇〇八年の患者調査では一年間の気分障害の総患者数は一〇〇万人である。先の数字から言えば、想定される患者数二七〇万人から半分にもならないこの一〇〇万人を引いた残りは受診していないことになる。しかし直前にうつ状態であった人が多くを占める（二六パーセントとされる）自殺者が日本社会において無視され続けていたことを考えれば、うつが現在休職病名の七割を占めるという現象の方が社会的なインパクトが大きかっただろう。一九九九年から二〇〇四年までのうつ病に関する出版本は一七七冊とそれまでの五年間の二七冊の六倍となったが、ビジネス雑誌特集等でも、極端なものでは新しいタイプのうつへのバッシングや「うつ切り」のような言説も含め、仕事のリスクとしてうつを取りあげる記事が多い。[★1]

フランスではエレンベルグのような社会学者の議論、ルディネスコをはじめとした精神分析家のうつ社会批判、『怠けものよ、こんにちは』（Maier, 2004）などのネオリベ批判に見られるように、うつの隆盛を社会構造と共に再考する議論が多く見られるのに対し、日本では、どうしたらうつが治るのか、うつにならないのかの（専門家的）対処論など、うつに対する問題意識はネオリベ的で、うつを自己責任とする文脈からきておりリスク管理として語られることが多い。[★2]とはいえラカン派を中心に精神分析の力の強いフランスでは、うつの隆盛の背景となったＤＳＭ診断（後述）とそのあとに続く認知生物学的精神医学が精神分析的実践を解体してきたことへの根本的な批判がある。

2　日本企業におけるうつ

ここで、日本企業におけるうつの構造やその意味について考察しよう。

「ココロ系」と「シゴト系」の研究が分離されたまま交わらない中で、両者を繋ぐ数少ない試みに着手していながら急逝した大野正和（2003, 2010）は、過労死・過労自殺が、古い労働規範から新しい労働規範への移行期の混乱の中で起こった事件であることを論証している。

八〇年代になっても表象されていた日本のサラリーマンの職場の共同体的幻想に見られるように（真実 2010）、「メランコリー親和型仕事倫理」（大野はこれを「メランコ仕事倫理」と呼ぶ）、柔軟（曖昧）な職場構造、良好な職場集団性は日本企業の労働現場を構成するユニットで強力に調和し合っており、「メランコ仕事倫理」がそのままうつ病を発生させたのではなかった。

むしろその解体における混乱が病理を発生させる。一九八〇年代後半に生まれた過労死とは、伝統的なメランコリー型労働者が減り少数者となった彼らが仕事と責任を一方的に背負い込むという、尽くし損により生まれたものであった。職場のマニュアル化によって進む間人型労働が制度的には空洞化するが実際には発生するのを、彼らが一手に引き受け、人間関係の解体によってそれが配慮されなくなる、という背景での産物だったのである。

大野は「メランコ仕事倫理」を日本でまだ維持されている贈与社会的な倫理によって説明する。相手に貸しを作って始めて自分が安定するという他者への依存性と人に迷惑をかけることの負い目としてそれは存在する。日本では他人の気持ちに同調する対他配慮性の強い人は、仕事を断ることができない。職分がはっきりしない旧来の日本的な雇用や取引の慣行が持続する状況において「頼まれたら断れない」人のもとに仕事や案件が集中する。現在ではさらに、良好な職場集団の繋がりが、能力主義、さらには成果主義の導入によって断たれ、期待されるがゆえに仕事が一人の肩に背負わされていく状況が加速される。それゆえ真面目で優秀な人が周りから孤立し、絶望の中で仕事を引き受けていくこととなる。それは正社員に留まらない。非正社員の過労死がなぜ起こるのか、おそらく日本以外の国では理解できないだろうが、むしろ特にそれが非正社員だと、正社員からの僻みを受けて、両者の断絶と孤立は増幅していく。能力主義、さらには成果主義になっても曖昧な職務境界は維持されたままであり、むしろ制度と環境の変化のひずみが特別な人への仕事の集中に帰結して、現在の日本の過労死・過労自殺を生んでいる。日本型の過酷な顧客主義はさらにこれを助長していく。

　企業は能力主義への移行によって勤続重視の年功主義を克服しようとしたが、個別的に測られようとした各人の能力は、結局のところ職場集団に依存（スキルのコンテクスト依存）していた。これに対し結果に照準した成果主義では、評価の軸は人間基準から仕事基準へと移行する。しかし、成果主義においても、結局誰が評価するのか、何を評価するのかという問題は棚上げにされたままである。[★3]これまで直属の上司が評価していた仕組みがドラスティックに変わるのでなければ、ますます評価のためのパフォーマンスが優先され、職場集団と仕事の連携の解体は放置され職場環境は劣化していく。評価が恣意性をもてば、大野が指摘するように、日本の職場の対人型配慮は規範性を失ってより病理化する。

大野は成果主義の導入に際し、「メランコ型」と「ナルシス型」(若い人に見られる自己愛型倫理。メランコ型のように古い贈与倫理に拘束されないが他者の視線には敏感であるとする)が異なる類型のようでいながら、どちらも対人型配慮に型どられていたことを指摘する。それゆえここで対人型配慮の精神は二つの反応パターンを示す。一つは中高年に見られるもので、既存の利害関係に固執して狭い身内的集団内部で配慮をはりめぐらせようとするものである。危険と不安の多い個人主義を回避し身内集団主義で防衛する(それゆえそれは職場集団の連帯を確信犯的に阻害していく)。もう一つはより真面目な若年層を中心とする反応で、周囲に配慮するがゆえに自分自身に課する目標水準を極めて高くしてしまうものである。

そもそも日本的職場環境では、「メランコ型」でも「ナルシス型」でも、自分は他人との関係において存在する。日本では他者への配慮はいつでも自己の保身と裏腹であった(それゆえ究極の自己保身は逆説的に自殺となる)。「メランコ型」では自己を滅してでも他者に貢献しようとする。「ナルシス型」では自己中心的でありながら他人にどう思われるか過敏に気にする。そして顧客志向性の強いビジネス環境では「人にどう見られているか」が強いストレス要因となり、顧客ニーズを背景として個人の評価が組織内においても市場と密接に繋がったものとしてこの状況と結合する。こうして集団性が強いとされた日本の仕事と職場に、現在では、職場集団の抵抗もないまま市場原理が浸透していく。

また大野は、「ナルシス仕事倫理」のタイプの中には「自己主張型」と「対人過敏型」があるとする。前者は「ヒルズ族」に代表され、後者は「ひきこもり系ニート」に代表されるとする。斎藤環が前者を「社交系ひきこもり」と指摘したことに言及し、大野はどちらもピアプレッシャーの圧力を感じつつ、人との関係を切断している例として記述している。どちらにおいても他者は自らを抑圧する存在であり、他者が自身を支えてくれるような関係性はない。それは日本の顧客主義の行き過ぎにも表れている。客が明らかに誤っていたり無礼であっても相手に添い続ける贈与倫理型応対は、客の側の儀礼とセットでなくては元来成立しない。それゆえ、現在のような顧客優先社会、客の側の儀礼が消失したり免除されることをサービスとする社会では、贈与倫理型の顧客対応は際限ないものとなり、むしろ客によるパワハラやモンスタークレーマーを招いたり放置する帰結となる。[★4] それは度を越した納期の要求やサービスの要求にも応えてしまう心性として過労死やうつを生み出す。

このように、日本の職場におけるうつの発生の背景には、人間関係の解体だけでなく、個の場所の不在（あるいは欠如の個人主義）が関与しているだろう。相互扶助が脱落した相互監視のもとでの、メランコ型の一方的な尽くし労働、相互監視（顧客や市場の視線も含めた）へのナルシス型パフォーマティヴ労働、さらにはヒルズ族のような他者の視線をあえて暴力的に切断しようとする自己中心的労働などは、異なるようでありながらどれも、大野が指摘する、他者の視線に囚われた現象であり、個の場の不在を示唆している。

すなわちそれは、社会の中に個人の生きる場所がない「無縁社会」において、仕事をめぐるうつが発生していることを意味するだろう。無縁社会とは家族や企業の縁を失った者が孤独に投げ出されること（「欠如の個人主義」）である。それは一人であるから貧しいのではなく、一人であることができない貧しさである。私自身、豊橋での派遣村実行委員として何人かのホームレスに接触した時、彼らが生活保護を受けるにあたって恐れていたのは、家族に連絡が行くこと、それによって迷惑をかけること、自身が恥ずかしい思いをすることであった。無縁社会とはこのように他者への配慮の視線のもとで、相互扶助がなくなったのに、個人が生きる権利を主張できない社会（個を支える福祉サービス・福祉国家の不在）を意味している。

3　うつへの防衛（躁的防衛）としてのネオリベ心理文化

次に、企業におけるネオリベ心理文化――軽躁文化について見ておこう。エレンベルグ（Ehrenberg, 1998）は、七〇年代に現れた新しい心理文化は、うつに対する防衛の形式として生まれたと指摘している。

第二次世界大戦後、欧米では経済繁栄を享受したいわゆる「栄光の三〇年」の間、歴史的に類を見ない身体の健康の向上とは反対に、都市化や個人主義の進展に伴ううつが拡大しつつあった。エレンベルグはフランスにおいて六〇年代の『エル』などの雑誌にうつ特集の記事が見られ始めたことを指摘している。アメリカでも広告に表れた物質的豊かさと家族の幸福を提示する郊外社会の見かけとは裏腹に、そこでは主婦のキッチンドランカーなどが出現し、そのもとでの子どもたちと主婦の鬱屈が六八年とフェミニズム運動に繋がったことは、最近日本の郊外社会論との連接において指摘されている。

アメリカにおいてこのうつに対する反動として起こったセラピー文化、セラピー的宗教が七〇年代、フランスにも押し寄せる。グループを基礎とし、身体に焦点化し、愛をテーマとし、「いま、ここ」に照準し、抽象的で、個々人の潜在的能力の開花や全能性を説く。そしてこの六八年の、うつに対する躁的防衛としての心理文化は、そのままネオリベラリズムのうつ防衛の源泉となっている。七〇年代は実際に六八年以来の性革命や新しい社会運動など、社会運動との結合があったが、現在では小さな宗教サークルや読書宗教・講座宗教のような個人的なものとなってしまっている。

これを企業文化において確認すれば、日本では、リクルートのような新興産業で心理学を利用した研修・教育技術が開発され、社員が実験対象として商品化された。リクルートが新しい転職市場として支えた外食産業（マクドナルド、ファミレス等々）やIT産業（『就職情報』とは別に専門技術者転職誌『ベルーフ』という独自のマーケットを戦略的に構成し、それが成立するだけのニーズがあった）等々の新興産業でそれらは高額な商品として売られ消費された。リクルートやその他の新興産業は伝統や社内の歴史を担う高年齢層がおらず、見かけの水平的組織と正社員・非正社員やアルバイトの混合組織（非正社員率が高く、彼らは正社員と机を並べて全く同じ仕事をし、リクルートの開発した数々の研修においてモチベーションを高揚させられていた）において、今のネオリベ時代の企業のあり方を先取りしていた。社内は常にお祭り騒ぎで、個々の創意工夫が求められ、やりがいが搾取されていた。しかしマクドナルドのアルバイターにのめりこんでいったヴェベールの幻滅に見られるように[★5]（本書第4章参照、Weber, 2005）、軽躁状態は長く続かず、やりがいの搾取に気づいた非正社員は次々とやめるなど職員の回転率も高かった（当時はやめてもまだ行く先は今よりはあったのであるが）。

渋谷望（2011）がナオミ・クラインのいう「ショック・ドクトリン」によって説明するように、ネオリベ的自己実現幻想には、絶望にさらされ現実的にその望みの少ない者の方がしがみつきやすい。当時の日本においても、今より転職者はスティグマ化されており社会の周辺に置かれていたゆえに、うつの躁的防衛としてネオリベ的幻想にしがみつきやすかった。

転職市場を一つのマーケットとしたリクルートは、「とらばーゆ」「フリーター」等のネーミングによるイメージ戦略だけでなく「やり貝」コマーシャルなどにおいて「やりがい」などのモチベーションを喚起し、新興産業の人材需要に応えようとした。リクルートにしても、よい人材を採るためにこれら新興産業に一定の給与や労働条件の設定を示唆し、実際に人材需要を掘り起こしたり人材を紹介していったような貢献面はあるだろう。が一方、外食産業やIT産業などの労働条件は当時でも厳しく、イメージによってこのような現実は隠蔽したまま労働者たちを煽動し、精神主義で乗り切ろうとする傾向（精神主義としてのいわばネオリベ心性）があったことは否めない。そして現在の大学生就職市場等におけるビジネスのやり方においてもその点は何ら変わりはなく、現実を正しく伝達する（情報産業である）よりはイメージで隠蔽‐誇張しようとする基本的な「広告」心性（広告産業である）ゆえ、最近では、事実を正しく伝えず学生の幻想だけを煽ってそれを商売の種としているとして、就職産業としてのリクルートの弊害が指摘されつつある。

4 「ネオ精神医学」を生み出したニューロサイエンス社会

社会にとっての症状としてのうつと、それへの防衛としてのネオリベ心理文化を見てきた。ここで、うつへの対処としての精神医療そのものに起こっている変化を、診断基準「DSM」（精神疾患の分類と診断の手引）の大きな変更において確認していこう。

「トロイの木馬」（ネオリベのツール）となった「DSM‐Ⅲ」

このDSMとりわけDSM‐Ⅲ（一九八〇年改訂）の変更は、ビックデータ利用に見られる、無理論主義、脱因果性（相関主義、確率論的リアリズム）の思想と呼応している。★6

グーグルを生み出したアメリカはDSMも生み出した国であるが、そこには絶え間ない「父殺し」と民主主義の幻想および運動と同時に、科学への倒錯（ル・ゴフのいう「ポスト全体主義的倒錯」、それは疑似科学も生み出す。Le Goff, 2002）が帰結する困難が同時に確認できる。

とりわけグーグル的技術（形式化技術／手続き化技術）が、形式化不能なものを形式化していく時

（「形式化不能なもの－多様性」を発見する点に創発性があるはずだが、この技術がネオリベ権力と結合する時、それは、まだ効率化されていない余地、資本にとっての搾取の場の発見となり、さらなる形式化の犠牲となる）、それは運用において人間がコントロールしうるのではなく、「トロイの木馬」のごとく、ウェーバーのいう形式合理主義／官僚化による「鉄の檻」を構築して、人々がそこに拘束されていく様相が観察できる。

ＤＳＭ－Ⅲにおける「無理論性」（atheoretical）は、「ヒステリー」概念と共に、治療における「無意識」をはじめそれまでの精神分析理論に基づく診断分類を追放し、また「多軸評価システム」は仮説的な理論に基づく診断カテゴリー（とそのもとでの現場の治療者の診断決定権）を廃止してさまざまなディメンジョン評価で科学的な証拠を積み上げることとなった[★7]（大久保 2012）。

精神医療の「信頼性」（複数の医師による診断の一致）については、医師によって診断が異なる問題が指摘されていたため[★8]、ＤＳＭは「信頼性」／「妥当性」のジレンマにおいては、「信頼性」を優位とし、「妥当性」（診断の有効性）を犠牲にしても診断を単純化することとなった[★9]（Frances, 2013）。一方では、診断の「信頼性－統一性－標準化」は、次に見る、ネオリベ化の進展したアメリカ社会の要請でもあった。

それでも、現象学や精神分析に造詣のあったフランセス（ＤＳＭ－Ⅲの作成に関わり、ＤＳＭ－Ⅳでは責任者となった）の弁明に見られるように、当初の企図においてはそれは「トロイの木馬」になるとは思われなかった、「意図せざる結果」であった。実際、ＤＳＭにおいても診断や治療の変数としての社会的次元等を排除せず考慮して診断することが警告されている（社会的な理由が排除された場合には純粋に精神疾患として策定されるが、それを現場で考慮する条件がすでになく、すなわち現実的な設計ではなかった）。しかしＤＳＭ‐Ⅲにおける設計思想の重要な変更は、トライアルといった意図を超えて一人歩きした。そして生物／認知／医薬のあらゆる最新の結果も導入できるよりよい精神医療を作ろうという「前向きな」方針のもとで設計思想が胚胎していた時限爆弾は、精神医学（理論）を患者の健康と幸福に寄与するはずの精神医療（現場）から疎外しつつ、走り出したＤＳＭは医薬産業や保険制度と分かちがたく結合しつつある。その後、携わった当事者のトップたちが内部批判をくり返すスキャンダルとなっているが、取り返しがつかない。

アメリカでは、すでに治療は、必要とされるものではなく、保険支払可能な範囲に合わせて行われるものとなってしまった（Kutchins & Kirk, 1997）。ＤＳＭ‐Ⅲ以前の精神科医は、患者に配慮してよりスティグマの少ない診断を行ってきたが、現在は、ヘルスケアの経費削減の圧力のもとで、「科学的必要性」を保証する権威的ガイド（ＤＳＭ）に合致するよう、診断が構成される。またクリニックは、サービスを可能にし公的補助を獲得するために、貧困や差別や虐待などによる子どもたちの問題行動に対し、ＤＳＭラベル‐精神障害という診断を貼り付けざるをえない。こうして現場ではおかしいと思いながらもＤＳＭが使用され続け、また診断のインフレと相まって薬の使用量は劇的に増加した（最も大きな問題とされているのが、この診断のインフレであり、さらにハイパーインフレを引き起こす構造が形成されてしまっているとされる）。現在、精神科では初診で診断を下すのが通例となったが、フランセス（Frances, 2013）は、初診診断は精神医療においては最悪のタイミングでの診断であり、通常は成りゆきを見守る必要があるという。現在、医師たちが初診診断する理由は明らかで、DSMに載っている診断が下された時しか診察に対して保険金が支払われないことが多いからである。フランセスは、結局、保険会社は小利を貪って大利（長期的判断）を失っていると批判する。

アメリカ社会の父となった自我心理学とその帰結

しかし、DSM診断が下りなければ医師に医療費が払われず、患者は保険も公的サービスも受けられないといった状況は、DSMを主導したアメリカ精神医学会（APA）の影響下にあったアメリカ社会の中でのことである。フランスでは、とりわけ子どもの精神疾患について独自の診断「CFTMEA」（La Classification Française des Troubles Mentaux de l'Enfant et de l'Adolescent）の構築を始めており、ヨーロッパでも日本でもDSMはアメリカほど使用されているわけではない。DSMがなぜアメリカで誕生し、「アメリカ帝国主義DSMが世界を支配する」と警告されながらも、アメリカの医療界ほど他国では医療界を急速には支配しなかったかについては、社会学的／文化的背景があるだろう（もちろん現在では世界的なネオリベ化の広がりがあり、フランスでもカナダ経由で普及が進んでいる。また、遅れながらも批判も活発化している）。

DSM作成の背景として、（1）アメリカ社会において、精神医学は、他の医学と比べて科学的ディシプリンとしての正当性が弱く、正当性を確保するための苦肉の選択であった、（2）ケネディ大統領の時代、一九六三年に精神衛生コミュニティセンター建設法が制定されたが、こうした民主党との関係はその後の共和党大統領のもとでは危機に陥っており、戦略を変える必要があった、（3）精神分析が医師に独占されていた（非医師の精神分析は米では認められなかった）がゆえに、より短期で安い治療を行う心理士（カウンセラー）と医師が敵対関係にあった（フランスと異なり、精神分析的カウンセリングを行う心理士たちとの連携はとれなかった）（Grob et Horwiz, 2010）、（4）他社会と比べて、公的医療保険制度が貧しく民間保険会社が優位のアメリカ社会において、保険システムがエビデンスに基づく医療を要求した。またのちに公的セクターでの精神医療の普及においても、公的セクターの変容により同様の要求が起こった、（5）政府の指示による薬品試験のため統一基準が欲しいという要望が製薬会社から高まった、（6）ゲイ団体からのＤＳＭにおけるホモセクシュアルの項目削除の要求（Kutchins & Kirk, 1992 ほか）等々が挙げられるだろう。

ヨーロッパ人（ユダヤ人）であるフロイトの創始した精神分析がアメリカで社会の統治技術となって（自我心理学化）繁栄した歴史の皮肉とそれがもつ懸念については、フロイト自身がすでに感知していたが、それは厳しいアンチ精神分析となって、カナダを経由しヨーロッパへ戻ってきたのである。[★10]

アメリカ精神医学の父殺しと科学（新たな父）への倒錯

下河辺美知子（2000）は、密接に絡んだＤＳＭ‐Ⅲの二つの編集方針、「記述の強調」（descriptive

approach）と「無理論的立場」（atheoretical approach）、すなわち「顕在化した症状のみを扱い、病因を追わない」方針には、「アメリカ精神医学界自身の無意識」が現れていると指摘する。

DSM - Ⅲの基本構想は、社会科学も含めたすべての科学を、物理学に範をとる自然科学の方法によって基礎づけようとする、ヘンペルの「統一科学運動」に端を発する。それは「人間精神を科学の言説で表象しつくして、完全なる〈象徴界〉を出現させること」である（下河辺、同）。すなわち科学という大義を掲げて、診断名という記号を扱う医師から、その権力を剝ぐことを目指す。DSMの科学志向はこうしてアメリカ精神医学会を「去勢」した[★11]。

一九八〇年に出版されたDSM - Ⅲの準備は一九七三年から始まっているが、下河辺はさらに興味深いことに、DSMのプロジェクトは、七〇年代末からイェール大学などを中心に盛り上がったディコンストラクションの潮流と呼応していると指摘する。

ディコンストラクションは、記号の指示機能に対する根本的懐疑を示している。DSM - Ⅲでは、精神科医によるシニフィアンとシニフィエの結合（診断）に対する懐疑と中断が行われ、「精神障害の分類によって障害そのものでなく人間を分類してしまわないこと」がある意味、民主主義的観点からも警告されたのだった。しかしこの表向きは民主主義的／ポピュリズム的な志向が、数字による形式的手続きに支配される時、それは逆説的に人々を疎外し、彼らの欲望や存在を排除していくことになる。

「ネオ精神医学」と「資本‐ヒューマニズム」

ゴリ（Gori, 2013）は、DSM‐Ⅲ以降のような精神医学の変容を指し示すものとして、一九八〇年代以降の精神医学を「ネオ精神医学」と呼ぶ。

「ネオ精神医学」は、心理測定的プロフィールや自動的な質問スコアによって実践家の臨床診断に代わる傾向をもち（ポピュリズムのもと、最終的には患者による自己診断が含意されている）、行動の障害の診断を確立するものであるとゴリは指摘する。

ゴリは、それは、ハバーマスの批判する、「道具的理性」による政治支配であるとし、またブルデューの理論における、数学の社会的な使用が技術の増大や賞揚を可能にし公的機関の自動正当化の効果をもつとする批判を参照する。

さらに「ネオ精神医学」の概念が意味する、「精神医学」の変容のよりラディカルな問題とは、治療の試みとしては解体する精神医療を踏み越えて、精神医学がネオリベ社会における「正常」の規定者として生き残る傾向にあることである。

同様に、ディ・ヴィトリオ（Di Vittorio, 2013）は、DSMが精神病理学的な観点とその応用の問題において役に立たないと批判されているが、この批判はメダルの裏面を隠してしまうと述べる。なぜなら、すでに精神医学は治療の次元を放棄しているため、「DSMは役に立たないので精神医学（制度）が崩壊する」という批判はこの意味では当たらず、ネオリベ社会にとっての「正常」を維持し異常者を精神疾患者として閉じこめる「〈正常〉のための精神医学」（ゴリのいう「ネオ精神医学」）

が生き延びるという。

「ヒューマンキャピタル」（人的資本）という概念に示されるように、直接個人に働きかける「新ヒューマニズム」は「生経済的（バイオエコノミックな）人間」を目指す「資本 - ヒューマニズム」となる。そこでは、従来の意味でいうところの違反（健康ではないという意味で）に呼応するような「過剰な従属」こそが「正常」となる。[★12] そしてヒューマンキャピタルを改善するネオリベ的理性に呼応する「過剰正常性[★13]」の生産の中で、一連の「不足や欠乏」（不注意、騒々しさ、臆病、悲しみ等々[★14]）がチェックされ、バイオメディカルの介入によって埋められようとする。

それはまた一方で、なかなか治らない精神疾患の現場での治療のペシミズムの溝を埋めにやってくるものでもあるとディ・ヴィトリオは指摘する。

「自律」が「条件」となる社会と「ニューロサイエンス社会」

エレンベルグ（Ehrenberg, 2014）は、DSMに見られるような、予防精神衛生の早期化・低年齢化には、主体の時間との関係の変化や、社会における自律の価値の向上の影響があるという。労働の全サービス化がコミュニケーション能力やパフォーマンスを要求し、社会の時間の流動化と不確定化が、社会化における、感情や衝動の管理を要求するようになったからである。ここにはパラドクスがあるとエレンベルグは述べる。「罪責感」から「感情と衝動の自己管理」への変化とは、見かけ上は、「管理から自律（オートノミー）へ」の移行のようだが、現実には「従属」を意味するからである。

エレンベルグは、大部の前著で、アメリカ社会とフランス社会における精神医学／精神分析の受容の比較を行っていた（Ehrenberg, 2010）。彼が行ったのは、精神分析においては「自我心理学」（米）と「ラカン派精神分析」（仏）の対比であり、社会学的に見れば、自己のありよう、自己と社会のありようの差異（米「自律 - 条件」社会 vs. 仏「自律 - 希求」社会）が、精神分析の差異と呼応している。

近代社会への移行において民主主義革命を行ったアメリカとフランスの二国であるが、民主主義における自律した個人のあり方は、アメリカとフランスでは異なる。

アメリカは、神と個人が直接繋がるプロテスタント社会であり、個人は自己実現を目指す。自律する自己（self）の集合体としての共同体が形成されるが、それ以外のすべての社会的拘束は放棄される。

しかしアメリカ社会はその後複雑化し、社会関係が脱人格化していったため、この社会構成はしだいに困難になっていった。社会の単位としての自己（self）が危うくなっていく中、セラピーは自己（self）を支えるものとなる。その実体が、精神分析とポストフロイト派の文化主義（culturalisme）の結合としての自我心理学である。しかし七〇年代、ラッシュ、セネット、ベラーなどのアメリカ社会学者が指摘したように、アメリカ社会は、ナルシシズム的病理、うつ、境界例等による危機を迎える。

アメリカ社会を維持するためには、個人の「条件としての自律」が不可欠である。つまり、個人主義という形式（社会制度）が必要である。「条件としての自律」を求めるこの制度は、アメリカ的な社会制度である（社会が衰退して個人が残ったとするよくある言明に対し、エレンベルグは、自己（self）とは社会制度であると、社会学的観点から指摘する）。

一方、フランスでは、民主主義のもとでの自律した個人の価値が高く評価されるとはいえ、それは、「希求（aspiration）としての自律」という形式において生きられてきたし、今も生きられようとしている。伝統的秩序の維持に対立し、進歩を促進するものとして、政治の審級として、「希求としての自律」がある。それは「市民としての自律」の表現でもある。またフランスでは、アメリカのように社会的拘束は放棄されているのではなく、国家は自己を解放するものとして存在する。

このように、エレンベルグは、社会学的観点から、自律を前提（「条件」）とする現代社会は、逆説的に、自律がすでに可能になっている社会ではなく、自律が困難でありながら強迫的にそれが目指される困難な社会であることを描き出す。それは社会学的観点から指摘しうる、「個人主義のパラドクス」といえるものである。★15

ピエール＝アンリ・カステル（Castel, Pierre-Henri, 2012, 2014）は、エレンベルグの議論に依拠しつつ、「自律‐条件」の世界では、もはや道徳は発動しないと述べる。そこでは新しい社会的概念の一つである「能力」、すなわち感情的能力（感情を管理する能力）が喚起される。ここでは、「規律／罪責感‐欲望」に対し、「自律／信頼‐機能」が前面化する。

ピエール＝アンリ・カステルは、この意味で、現代のニューロサイエンス（神経科学）だけが精神医療を追いつめたのではなく、社会自体がニューロサイエンス化することで、全体の現象の帰結を押し進めているとする。さらには、フランス社会もアメリカ化しつつあり、「条件としての自律」社会＝ニューロサイエンス社会化の様相を帯び始めていることを指摘する。★16

5 「幸福」規範の専制と疾病利得

ＤＳＭがもつ思想（とりわけまだ顕在化していないその「トロイの木馬」的危険性）について抜本的批判を行う中心に、フランスのラカン派の存在がある。

精神分析によれば、そもそも知覚とは認識（connaître）ではなく、受容できるものとしての再認（re-connaître）であり、知覚活動についての記憶に依存している。つまり外的現実とはイマジネールな構築物である。そしてそこには言語、シニフィアンが介在している。神経科学においては、脳における超自我やエスの場所を確定しようとする研究まであるといわれるが、このような発想そのものが不可能であることを精神分析は指し示している。

精神分析が指し示すような、人間の精神と精神分析の治療における言語や知、無意識のあり方から見たＤＳＭ批判については、西尾彰泰（2011）、向井雅明（2012）、松本卓也（2014）らの指摘もすでにあるが、ここでは、それを補足するものとして、ＤＳＭと精神分析がどのように相容れないものであるかについて、（1）無意識的罪責感、（2）疾病利得、（3）薬による症状の点で確認しておこう。

(1) DSMは享楽命令による無意識の罪責感を名指せず(解除せず)強化する

クリスタキ(Christaki, 2013)は、現代社会において義務の感覚は低下したというが、現実はそうではないと指摘する。

現代社会の罪責感の源は、「パフォーマティヴに享楽せよ」、「常により幸福になれ」という超自我(ジジェクの言葉でいえば「母なる超自我」)の命令にある。つまり、「幸福」は自由に追求されているものではなく、命令されているものである。しかも幸福は、「健康」という「正常」規範によって中身が定められ、人々はそれを望むこと、この規範への同調を強制される。したがってこの命令はうつを引き起こし、そしてそれは薬による治療を要請することとなる。

フロイトは、無意識の罪責感は苦痛の源泉だと述べた。そして文明によって生まれた罪責感については、ほとんど無意識のまま残るとした。さらにフロイトは「マゾヒズムの経済の問題」において、無意識の罪責感は、道徳的マゾヒズムを強化することを指摘した。

しかしDSMにおいては、罪責感についての障害の項目はない。つまり「無意識の罪責感」という精神分析で最も重要な概念が排除されている。

DSM社会において、罪責感は二重に搾取されるとクリスタキは指摘する。まず「正常」の強制により主観的に罪責感は強化され、さらには無制限に要求する超自我の命令によっても搾取される。

だが、罪責感から逃れる治療の道はこのように断たれてしまっている。

（2）「幸福」規範の専制は「疾病利得」を解除できない

アフラロ（Aflalo, 2009）は、一九八七年にＤＳＭが幸福の統計的評価を精神衛生の定義に用い始めて以降、「規範の独裁」が世界中で課せられることとなったとする。

フロイト以降、私たちは、苦しみの中には、（1）真実、および、（2）パラドクス的な満足の源泉があることを知っている。

まず、苦しみの中に見られる、（存在の）真実についてであるが、私たちが死を逃れられない存在である以上、例えば、喪に見られる苦痛には、現実界を経由して出会える私たちの存在の真実がある。

次に、苦しみの中に見られる「パラドクス的な満足の源泉」についてフロイトは度々「疾病利得」を強調し、患者の抵抗、マゾヒズム的苦痛、無意識の罪責感に対する超自我的自罰による満足を指摘した。このように私たちは、幸福ではなく病気－苦痛の中に安住を見出す[★17]。現実や真実と直面する苦痛から逃れるため、本人がより少ないと考える苦痛－疾病の中に逃げ込み、治療に抵抗し、利得を得るのである。

ここで、薬による治療は、表面的な苦痛を取り除くだけで、疾病利得に気づかせることはないため、この無意識的メカニズムの解除にはならない。むしろ精神薬の処方は、疾病利得を持続させ、薬依存となる。

また、一般に効果があるとされる行動療法によるフォビア（恐怖症）の治療についても、ラカン派は、そこに無意識的な満足‐疾病利得がある場合、いったんその状況では治った症状も必ず別の形式に移行して現れると批判している。

では、治療的に見て無駄なこの治療をなぜ行うかといえば、アフラロ（同）は、DSMの予防体制は、現実には危険な階級を予防的に排除するためにあるからだという。つまりそれは医療‐福祉コストではなく、管理コストであり、精神医学は治療のための学をやめて管理のための学になっているからである。

（3）「症状‐リスク」への薬による治療が症状となる

エリック・ロラン（Laurent, 2003）は、「ネオ精神医学」においては、薬自体が「もっと」というリビドー的使用において、毒やプラセボのようになると指摘する。

DSMが進める予防精神医学★18では、症状のリスクが病気としての価値をもち、治療の対象となり、症状はリスクそのものとなる。「症状‐リスク」は、「避けるべき未来」として表象される。ここで薬は真の症状を扱うことをやめる。

例えば、子どもの多動傾向は、教室におけるコンフリクトをもたらすが、教師は教室の社会関係とは切断して、子どもを医療化し親に責任を押しつける。教師と親は、「ネオ精神医学」言説の中で、子どもをとりまく問題を参照することなく、ネオ精神医療に依存する。現在のところ、まだセラピーという選択肢もあるのだが、基本的に時間を要するこの治療は避けられ、予防のため、リスクへの恐怖から、「効率的」な薬治療が選択される（フランスではすでにメディアで「精神分析の無能性」がキャンペーンとして宣伝され煽られ、ネオ精神医療を選択する親こそが子どもにとって本来的に責任をもった賢い親であるとする言説が流布している）。他の子どもに対する暴力といった徴候があれば、精神病化や犯罪者化の予防として、薬による治療は促進される。こうやって薬を飲む子どもたちは増え、また長期間、ひょっとすれば一生飲み続けることになるかもしれない（製薬産業は子どもを新しい市場として積極的に開発した）。親および教師はこうして、自身に降りかかった問題の荷を降ろす。子どもは薬によって大人しくなる場合もあれば、結局、治療にならず、精神分析にまた来る場合もあるという。[★19]

ロランは、各人の薬の象徴的、想像的、現実的効果は測定できないものであるという。平均というノルムに対する症状の不確定性、偶然、非還元性はそれぞれのケースで、一般化された予防の命令的理想の規範化に抗って生じるだろう。

DSMによって開始される新しい治療は、それゆえそこで、現実には、「薬」によって症状を呈する主体を迎えることとなる。そこで繰り広げられるDSM治療が待つ現実とは、そこで「真実が回帰」すること（本当の意味で治癒されないのでさまざまな問題が起こるだろう）と、ロランが「新しい言葉の現実界への回帰」と述べる事態と共に形成される症状、薬依存等々の現象である。

6　DSMの自己崩壊と「例外」として回帰する主体

「現実界の科学はない」とミレール（Miller, 2008）は指摘している。すなわち、想像界と象徴界の科学しかない。

科学は、現実界を象徴化し、新しい象徴界を形成してきたのであり、その度古い想像界は解体され、また新たな現実界がその残余として人間にとって開かれた。遺伝子技術や原子力は新しい象徴界と同時に、人間にとっての（人間という概念を揺らがせるような）新しい現実界を開くこととなり、リスク概念、監視社会、ネオリベ社会に見られるような、新しい想像界（幻想）を構成しつつある。

科学は現実界を象徴化するとはいえ、主体を排除し、その時点で象徴化しえない残余としての現実界を排除するため、現実界そのものを取り扱ってきたわけではなく、「現実界の科学はない」とされる所以である。

精神分析はこれに対して、フロイトの出発点から、精神医療における残余としてのヒステリーを扱い、それと共に現実界に取り組んできた。

ラカンは、「不可能な論理」（書かれないことをやめない）を「現実界の縁」と呼んだ。

科学から推測の科学へ、そして科学の縁の科学へ、さらには科学の外の縁の言説のフォーメーションへと、科学に対する精神分析の場所の「さまよい」は、精神分析に固有の現実界の場所を少しずつ精密化する作業であった。それゆえ、精神分析は科学と世界の変容に対して取り組みながらも、今後もこの作業を続けるだろう。

アンセルメ（Ansermet, 2012）は、「精神衛生」は、従来の精神疾患の場所に代わってそこを占め始めたとする。「健康」とは、以前は「病気ではない、苦痛ではない」といった定義だったのだが、ネオリベ社会では、享楽命令のもとで目指されるべき「正常」なものとなったからである。

DSMにおける診断カテゴリー数の絶え間ない増加、リスクやヴァルネラビリティ（脆弱性）の観点からの診断、恥、喪、怒りの医療化等々……これらすべては、「潜在的な巨大な要求」を促進するだろう。結局、その「巨大な要求」は、最終的には精神衛生システムそのものを破壊するだろうとアンセルメは語る。

それゆえ、精神医学そのものによる精神医学の破壊――それこそが、DSMに約束されたことであるとアンセルメは述べる。DSMは分厚い電話帳のような年鑑になり、すべての人がそこに自分を見つけ出すこととなる。

DSMが約束することは、主体が「普遍性の例外」として回帰するということである。精神分析は「もはや過去になった」のではなく、むしろ「未来」で待っているものである。それゆえDSMはむしろ、「単独性の経験」としての精神分析への道を開くものとなるだろうと予測するのである。★20

おわりに

本書では、「この社会で働くのはなぜ苦しいのか」について、次のようなことを見てきた。若者の社会化の困難（「移行」先のない「移行」不能な「移行空間」＝自閉空間／ひきこもり空間）や就労困難な状況、その中で若者たちにとってコミュニケーションと自己表現を可能とする「コミュ障」文化空間の実態や可能性。また日本の教育から労働への「トランジション」の特異性と現在のその解体と浮遊、教育の変換。そしてマネジメント・イデオロギーが企業や組織の矛盾を隠蔽し労働者を苦しめるもの（デュジャリエのいう、全能の不可能の否認としての、仕事における「理想」）となっていること。さらに福祉が「制度的逆転移」のもとで貧困者に敵対的であり彼らを排除すること（そこで機能する「恥」）とそれゆえ社会関係の回復が重要なこと。日本の職場における人間関係の解体と個の場所の不在がうつを生み出し、さらに、医療は「ネオ精神医学」として「過剰正常化」を目指すようになったこと、そこで治療の手段とされる薬によって依存という症状を生み出すこと。

本書では十分論じられなかったが、ＡＩが労働に導入されるという事態は、上記で述べてきたような、労働における人々の連帯や、資本主義が労働者を極限まで搾取することのないよう労働から人々を守ってきた規制（労働法）が現在解体していることと呼応している。ＡＩの導入は、人々が単純労働から解放されるためとされているが、導入の大きな動機は人減らしや人件費コスト削減であることは明らかであり、ブラックボックスであるＡＩのリスクを十分議論する政治的空間が日本には弱い。

精神分析でいうところの、人々の「見せかけの現実界化」（「象徴界」－象徴的なものを失い、人や身体を媒介にトータルな自分をイメージさせる「想像界」も失って、人が機械のような世界に適応して「もの」化すること）として労働現場が進行し、またそれと呼応するマネジメントの全社会化（ドゥ・ゴルジャック）は、教育・福祉・医療等、労働をケアしてきた（労働者の再生産に関わってきた）領域においても、同様の論理が貫徹しつつあることを示している。つまり、「この社会で働くのはなぜ苦しいのか」とは、いまや労働と生活は切断できず、「この世界で生きることはなぜ苦しいのか」と連続しているのである。

しかし、それでも、労働におけるハラスメントが告発されて法制化され、「働き方改革」は建前と本音の乖離によって労働者をより苦しめる倒錯的な事態となってはいるが法的には労働者の権利は認められつつあり、ＳＤＧｓによって経済界は被投資リスクを見越して、さまざまな人権や環境に関わる条件を整備する姿勢を見せざるを得なくなっている。問題は、私たちの心性や文化の側にもある（もちろん過酷過ぎる格差の拡大や生存の条件、貧困が背景にあるが）。マネジメント・イデオロギーは、個人化によって人々の連帯を解体し、そこでの理想は現実を否認する全能の幻想であることを見た。どのように私たちが社会関係や連帯を回復し、それを語れる文化や政治空間を回復、構築できるかが重要であると思われる。

註

序章　現代社会における「働くこと」

★1　ケアについては、労働の議論におけるジェンダー視点の欠如が指摘されてきた（例えばエスピン＝アンデルセンの「脱商品化」指標に対するジェンダー研究者の批判と、それを受けたエスピン＝アンデルセンによる「脱家族化」議論の導入等）。本論も、労働論として、ケアの問題を十分に語れていない側面がある。

さらに、ケアが商品化、脱家族化（介護保険による介護の社会化のように）しても、ケアが担われる親密圏は限定的であるため、ケア労働は、労働の商品化側面と商品化できない側面の両方をもつ。

またケアを他者に対するものだけでなく自己へのサービスも含むものとして広義に捉えていく時、宇城輝人の指摘するように、（サービス）労働とプライベートの境界は揺らぎつつある。愛情や関係についての精神分析的な分析がより必要であると思われる。これについてはまたの機会に論じたい。

第1章　『何者』と「就活デモ」を結ぶ線

★1　しかしすでに夢を喪失した世代であるともされ、小説や映画の中でもそのような描かれ方がされていた。

★2　とりわけ「中（厨）二病」という用語については、それが2ちゃんねる用語であることに見られるように、その批判は、「リア充」批判というヒステリー的な自閉を伴っている。しかしそれが表出される空間自体は、弱者の表現空間‐解放空間となっている。

★3　またここには、エントリーシートに「耳を動かせます」と書いたばかりに、人事部長との面接で「やってみてくれますか」といわれてやったおちゃめなエピソードも書かれている。

★4　古市憲寿は、就活のパフォーマンスはすでに社会全体のパフォーマンスと重なりをもっていると指摘している（「拒絶され続けること、大したことない自分を大したものに見せなきゃいけないことが辛い、というのはまさにそのとおりだなぁと思いました。しかもそれって、就活に限らず、そのまま社会全体に当てはまることですよね」（朝井・古市 2013: 124)。

★5　『桐島、部活やめるってよ』においてもそうだが、朝井の小説は悪意に満ちているように見えて、このように極限のところで人に開かれており、優しい。

★6　またここで主人公に感銘を与えるのは、親の経済的失墜によって就活を選べないことを運命づけられた友人の存在であるというサブストーリーもあるのだが、ここでは詳しく触れない。

★7　本論では詳しく述べなかったが、エントリーシートに翻弄される現在の就活の特性・構造の背景には、雇用の縮小とそれに伴う大学生の新たな選別がある。

浦川智子（2003）は、『就職ジャーナル』を分析し、バブル期には「自己発見」や「自己分析」が姿を消していることを指摘している。これについて浦川は、この時期は超売り手市場のもと、偏差値型就職ではあったが大量採用が行われたことを指摘する。二〇〇〇年の大学生の大企業比率が二六・一パーセントだったのに対し、一九九一年は五三・二パーセントだった。バブル崩壊の九二年以後、

「厳選採用」「就職不況」「氷河期」「買い手市場」「就職浪人」などの言葉が並ぶようになり、新たな採用方法として、筆記試験による絞り込み強化、圧迫面接、面接回数増加、ディスカッション・ディベート導入によってハードルが高くなり、また学校名不問採用など個人力が問われるようになった。すなわち量から質への転化が自己分析への着目を生むことになる（自己分析についての詳細な分析と批判については、香川（2010）がある）。

ここで指摘されるように、エントリーシートや自己分析が、経団連の労働政策と呼応する雇用調整の手段＝方便であることは多くの論者が指摘している。それゆえ「バブル前の『自己発見シート』は簡単に答が出ないように設計されていたのに対し、現代の『自己分析』では、就職活動に勝つために は絶対に答を出さなくてはならなくなった」。

朝井の小説は、就活が自己啓発セミナーのような（倒錯的な）場になる危険を示唆している。拓人と理香の間で繰り広げられたようなやりとりが、自由な友情関係のもとではなく、アビューズ（乱用・悪用）として人事面接やキャリア支援でなされる時には、ハラスメントを引き起こすだろう。就活自殺の背景には、職を得られないこと以上に、それが人格の問題と結合していることがあるだろう。本田由紀もしばしば指摘するように、「就活」が若者のアイデンティティに深く関わってしまっている社会空間そのものが日本社会の貧しさを示唆している。

一方すでにポスト「自己分析」の時代に入っているかのように、二〇一〇年代に入って、自己分析をする必要はないと論じる就職対策書も複数登場している。これらはマニュアル化された自己分析からの脱却を主張するというマニュアルで、自己の「本質」の抽出を切り捨て、自己演出・自己表現により重きを置こうとする志向をもっているとされる。しかし「自己」から「コミュニケーション」に替わったからといって若者にとっての負荷は変わらない。現在はコミュニケーションのあり方において人格が体現されているからである。

★8 その後、ニコニコ動画のドワンゴに就職。二〇一八年に、カラーとドワンゴの共同出資により、株式会社バカーを設立。

★9 なおここで、常見の指摘する「意識高い系」と、斉藤大地らが指摘する「意識高い系（笑）」は、指し示す対象が重なってはいるようだが全く同じかどうかはわからない。

★10 このイベント自体が、その対決をイベントにしようとしたものであった。また第二部では斉藤は、後述する就活デモ代表の本間篤と議論している（学生による朝まで生テレビ！「学生による社会運動は可能か？」）。

★11 政治家志望だった斉藤は、早大雄弁会のもつエリート主義と、既存の政治コミュニケーションを自明とし現在のコミュニケーション不全社会を問題としない傾向に失望し、一転してオタク文化にのめり込みながらも、その「公共性」、とりわけ「政治的自由」や参加の欲望を充足することに活路を見出そうとしていた。その理論的正当性を東が与えたとする。

★12 この項目については、法案作成にあたって助言を得た本田由紀の考え方が反映されていると思われるが、それについては当事者の側にも賛否両論がある。また、文科省方針のもとで昨今、大学でカリキュラムマップや履修モデルが整備されつつあるが、一つ一つの科目に限定的な教育目的を設定することへの批判もある。

★13 小島のバイオグラフィについては簡単なものだが小島（2009）がある。

★14 この時には私も出演。また二〇一〇年の就活デモの顔となった本間や月太郎（京都のデモの主催者）も出演している。

★15 樫田美雄（2012）は、若者支援の現場で、就活デモと日本社会学会を事例として取りあげながら、若者たちの主張について、若者たちの「未熟さ」を「現場性」に、「無謀さ」を「革新性」に、「非一貫性」を「多様性あるいは交錯性」に、「非統合性」を「土着性」(ヴァナキュラー)に読み替えて受容していく必要性を語っている。

★16 また斉藤が主張するような、新しいアクセスや道具立てへの権利についてのアイデアや要求を大事にしていく必要がある。

第2章 「コミュ障」文化という居場所

★1 なお、ネット空間でのコミュニケーションがもつ、同質性の解体と協同性について、笑いの系譜を研究する太田省一(2015, 2016)は、笑いは現在ネット芸に至って、むしろ「KY」(空気読まない)の要素をもち始めているという。これまでの笑いの歴史の中で、笑いの中心性は「ボケ」から「ツッコミ」に替わり(昔は「ボケ」の方が偉大な芸人だった)、さらには「ボケ」が省略されて「ツッコミ」だけになり、その変容はお笑いにおける攻撃性の先鋭化と連動していた。が、ネット芸にはすでに「ツッコミ」はない。太田は、「はじめしゃちょー」の人気動画『コーラ風呂に体中メントスで入ってみた』を取りあげている。この動画の試みはナンセンスという意味ではテレビの連続線上にあるのだが、テレビでのように笑いを取ってネタに回収することなく、普通は誰も常識や世間体を気にしてやらないようなことをやってみる姿を映像化すること(KY)に開放感があるという。

オリエンタルラジオが参加するRADIO FISHの『PERFECT HUMAN』(http://realsoundjp/2016/02/post-6446.html)は、はっきりしたオチがないと、松本人志ら芸人から疑問視されディスられもしたが、その笑いの異質性・先進性(笑いと音楽の不分明性、さらには笑いの演劇/表現への進化)

が際立った。そしてネット上では、『PERFECT HUMAN』についてのバラエティに富んだ派生動画も生まれ、それは単純に真似るというよりは、そこから触発されてオリジナリティを発揮した動画となった。二〇一六年のピコ太郎『ペンパイナッポーアッポーペン』（ＰＰＡＰ）のヒットやユーチューバーの隆盛のように、場の空気を読むのとは異なる表現空間がここには広がっている。

★2　本論中では取りあげなかったが、現在、コミュ障文化の重要なジャンルの一つに「ボーカロイド」がある。ボーカロイドは、創作と歌唱の手作りを容易にしたゆえに、尾崎豊や浜崎あゆみ、西野カナ等を経なくても、若者たちの自分自身の思いを込めることができるようになった。土井隆義は、その中でも「生きづらさ系」が中心を占めているという（土井 2014）。人間関係の「規制緩和」＝流動化により複雑化した人間関係を、若者たちは予定調和的なシンボル化による縮減としての「キャラ」で乗り切ろうとするが、それゆえにキャラが必然的にもつ「代替可能性」において、存在不安と、コミュニケーションの偽善性を感じており、ボーカロイドでこれを表出しているという（ex.「孤独が怖くて被る仮面／どうしようもない偽善者を笑えよ／誰かこの偽善者を消してよ／僕を消してよ！……」Ｍａｋｉ（偽善者Ｐ）『偽善正義』）。

★3　キーワードやトピックの検索回数トレンドを確認できるもので、グーグルが提供しており、二〇〇四年まで遡れる。

★4　「アスペ」「池沼」「糖質」等のネットスラングが差別的なものであることはいうまでもない。「〝コミュ障〟を超えて」という特集を組んだ『こころの科学』二〇一七年一月号の編者、山登敬之（2017）は、この号の特集タイトルの「コミュ障」という用語は、精神医学の定義する「コミュニケーション障害」には当たらないとしている（山登 2017: 31）。2ちゃんねるでは仲間内の内輪の用語であると述べたが、一方で、山登が指摘するように小中学生の間で「あいつ、コミュ障じゃね？」と蔑称として使用されている局面があることも否定はできない（一方、本論の最後に指摘したように、コミュ障ではない若者たちがこの用語を使用する局面も存在している）。また、山登はこの特集で、「コミュ障」については脳神経系よりも社会のありかたの方に重きを置くべきだというスタンスをとっている（同7）。

★5 2ちゃんねるの「名無し」に見られる匿名性は、自身の存在が特定されないように隠しているというだけでなく、自分が目立つのではなく場に貢献しようという意識の表れでもある（自分を消す振る舞いには自己効力感の低さも関わるとはいえ）。

★6 この点をフィールドワークにおいて示したものとして、兼松佑至の修士論文（兼松2011）。なお、コミュ障の実態等について、兼松氏からさまざまな示唆を得た。ここに感謝を表します。

★7 ただし、古くは呼称「お宅」の使用に見られるような他人との距離感や、毒舌的・アイロニカルな（自虐性と親和的な）コミュニケーションスタイル、2ちゃんねるで見られるような、罵り合うスタイルの多用などの特徴が見られる。それは一般のコミュニケーションにおける「同化」とは異質なコミュニケーションも例示していることを意味する。

★8 確かに「本質的」な質問は、抽象的な言葉によって具体的な言葉（シニフィアン）とそれが紡ぐ他のシニフィアンおよびそれにより想起される記憶を妨げるので、精神分析でいうところの自由連想的なリラックスした言葉の流れを誘発できない。
とはいえ、日本人が哲学的な問いと答のコミュニケーションの文化をもっていないため、答が返ってきにくいともいえる。例えばフランス社会では中間層でも日常的に哲学的なコミュニケーションを行うので、吉田の投げかけていた「本質的」質問は、文化や社会や文脈によっては、場違いでない可能性をもつだろう。

★9
強迫神経症者の「理解強迫」(ex. フロイトの「ねずみ男」)が理解を困難にし、正しく理解しようと相手に問いただすと相手は異なる返答をするためますます混乱してしまうように、会話とは、支配できないところに本質がある(シニフィアンの連鎖による無意識への参照の快楽)。

オタクが陥っている神経症的状態－意識への拘泥とは異なり、現実には、人が一つのことをいう時、そのシニフィアンはある曖昧さをともなって常に選択されており、その曖昧さ(しばしば反対命題とも連結している)を廃棄しようとすると、意味作用は無限遡行と共に不可能になる。そこでは、欲動と対象が抑圧され、(主体の表出に関わるような)生活世界(科学的コミュニケーションではない空間)での意味作用を困難にする。会話の快楽は、自己と同形の言語構造をもちつつ「適切な遠さと異質性」をもつ他者との語らいによって、本人がそうとは知らなかった意味連関――しかし刺激されれば容易に、あるいは時には苦痛と共に受容される――シニフィアンの結合を開始するような隠喩(意味作用の不透明性)が与えられるところにある(詳しくは樫村 1998)。

★10
共在空間におけるメタ認知のモニタリングの共在(とその困難)については社会学者のゴフマンや会話分析が詳細に分析し、人は、例えば、誰かに向けて話をしている状況で、相手にちらっと視線を向けた瞬間、聞き手がこちらに視線を向けているなどの受容態度がなければ、話をやめたり、話をやめることの気まずさを隠す正当性の理由として煙草を喫ったり別の行動を導入することを指摘している。第7節でも少し触れるが、「殴り合い」にならないためのさまざまなコミュニケーション様式がこうして文化的に構成されている。

しかし、「恥」に関わる、汗、身体や声の震え、赤面などの印は、これらのコミュニケーションの「かわし」＝防衛を不可能にさせ、コミュ障やいじめられる者にとっての弱点となる。対人恐怖症やコミュ障の不安はそれゆえこのマークの表出そのものの不安へとさらに集中していく。

★11 「コミュ障あるある」ネタでは、「どいてくださいすらいえない」「妄想ではクラスの人気者」「話しかけられるとキョドる」等々、さまざまな彼らの日常的困難が描かれている。「休み時間」（は寝てるフリ）をはじめ、ランチタイム（「便所飯」に繋がる「ランチメイト症候群」）、体育の授業で二人で組む場面のトラウマ的出来事は、「コミュ障」たちに「やめろー」「その場面はオレに効く」と反応させる典型的契機である。こうして、彼らは自分たちの困難（自虐ネタ）について共感し共有する。

★12 このシーンは海外のこのマンガのファンであるSAD（Social Anxiety Disorder 社会不安障害）の人々において話題になっているとの指摘もある。これまで描かれてこなかったSADがマンガでリアルで共感的に描かれていること自体が評価されている。と同時に、日本では、まさしくSADの症状をもつ「コミュ障」が病理化されないので、その文化的差異が注目された（http://pax.moo.jp/?p=292）。

★13 「高二病」は、玄人・通を気取り、人気がある・有名な・流行しているものや作品を嫌う態度。「中二病」的要素を必要以上に嫌悪しているが、自己顕示欲の発露という根本的部分は中二病と同じとされる（ニコニコ大百科医学記事参照）。「高二病」は、何事にも冷めた見方をし、中二病の回復期とされていたが、症状悪化による発展型という説もある。

★14 なお、久々に中学生の時の女友達でかわいくなった、ゆうちゃんに誘われて海に来ると、「こんなドスケベな格好で外を練り歩くなんてやっぱ海って最低だな」「さすが海なんかに来てる性欲猿ども」といいつつ、ゆうちゃんの「いい匂い」にうっとりし、彼女の「おっぱいを摑みたい」と、女子にしては、能動的エロ欲望とポジションを表明する。
　また、「男と違って結婚さえできればニートでも人生を逆転できるし」「とはいえ、万が一結婚相手が見つからなかったら職歴学歴なしで詰むよな?・」あたりの省察は、オタク－コミュ障の男女差を示している。

★15　もちろんこれもただのフィクションなら、その貧しさで物語が解体するところまで描ききれるのかもしれないのだが。

第3章　教育から労働および社会への「トランジション」

★1　青年にとっての成熟の到達点が明確でないか不在であり、青年期が永続したり、世代全体が青年期のマインドに変化していることを指す。ブルデューの定義では青年期は年齢を指さない。「ポスト青年期」は、退行的で絶え間ない欲求やテクノロジーの亢進を志向する資本主義消費社会と呼応している。

★2　逆説的に、先進国にしかひきこもりが見られないように、ひきこもっていられる環境があることは「ポスト青年期」が存在することと呼応している。

★3　広田ら（2012）は、教育と労働市場をめぐる現代の問題を指摘し、そこにおいて、日本の固有性を以下のように整理している。

　企業組織の編成原理は現在、「官僚制的パラダイム」から「柔軟なパラダイム」に移行したため、高度に順応的でルール遵守的な「官僚制的パーソナリティ」より「カリスマ的リーダーシップ」の価値が高まっている。「カリスマ的資質」の養成には親の果たす役割が大きいので、「メリトクラシー」（本章註7を参照）から「ペアレントクラシー」に移行している。選抜の強化と選抜基準の多元化の背景には、国際競争の激化がもたらす「いい仕事」の減少がある。教育歴は一方で職業的地位の獲得のための強力な必要条件であると同時に十分条件でなくなり、教育歴以外の人格的資質が選抜基準として浮上している。

　こうして、教育歴（教育内容）と職業的地位（職業内容）が明確に対応しないという事態が世界的に進みつつあるが、日本では欧米より早く、高度経済成長期から生じていた。新規学卒一括採用、柔軟な配置転換とOJT、職能資格制度による一般的・潜在的能力を基準とする処遇等からなる日本的雇用慣行において、個人の教育歴は訓練可能性の代理指標としてスクリーニング機能のみに特化していたという。

しかし九〇年代以降、日本的雇用慣行が該当する層の規模が縮小する。大学進学率は上昇したのに、バブル崩壊後の長期不況のもとで新規学卒採用が抑制され、サービス経済化等の産業構造の変化により、人格的資質が選抜基準として浮上している（ハイパー・メリトクラシー）。

また、日本は欧米のような企業横断的職種別労働市場や労働者の採用・処遇・労働条件に関する強固な法的規制を欠き、九〇年代以降の新自由主義的政策方針の下で規制緩和と市場化が進み、「よい仕事」の希少化がより過酷に現れているとする。

★4

児美川（2015）は、以下のように、文科省の政策と社会を分析している。

一九六〇年代の教育の「現代化」を受けて、文科省は教育課程を高度化し授業内容・時数を増加させたが、一九七〇年代初頭、「新幹線授業」の中で多くの子どもたちが落ちこぼれ、親たちは自己防衛として塾など学校外教育に力を入れる。

一九七七年、「ゆとり」を標榜した学習指導要領の改訂から二〇〇〇年代まで広い意味での「ゆとり」路線は変わらずに来たのだが、学校・家庭現場では受験戦争の過熱から「家庭教育力の総力戦」状況が現出していたという。すなわち、「政策」としての「ゆとり教育路線」と、「実態」としての「過密な学力競争」という、ねじれ構造がそこには存在していた。当時の国際数学・理科調査で、子どもたちの成績は群を抜いて高かった（＝日本型高学力）が彼らは教科を楽しいと感じていなかった。

一九九一年からは「新しい学力観」が登場する（指導要録の改訂）が、一九八〇年代半ばの臨教審の主張の核心は教育に市場原理（競争原理）を導入すること（教育の自由化論といわれた。教師と学校の競争と子どもの個性が謳われた）であったとして、「新しい学力観」は、臨教審の「個性化」原理と結びつき、ある意味では学力格差が個性の名の下で正当化される論理を引いた。一九九六年中教審答申の「生きる力」は、「ゆとり教育」と「新しい学力観」を引き継ぎ、一九九八年改訂の学習指導要領で「学校週五日制」「総合的な学習の時間」、授業時数の削減、教育内容の精選等、「ゆとり教育路線」は完成する。

その後、ゆとり教育は「学力低下」キャンペーンによる批判を受けて、二〇〇八／二〇〇九年改訂学習指導要領で、授業時数は再び増加し、「確かな学力路線」（「ゆとり」ｖｓ．「確かな学力」）へと切り替わる。

一九九〇年代以降、家庭での学習時間が減少する（＝学びからの逃走ｂｙ佐藤学 2000）が、その背景として、少子化と規制緩和による大学の増加によって受験戦争が緩和化し、また構造改革路線のもと、格差化・貧困化が進み、脱落した家庭が総力戦から落ちていったことが挙げられる。また「新しい学力観」は個に応じた支援の中で、本田由紀の言うハイパー・メリトクラシーのもと、家庭の格差を反映する意欲の格差を生みやすかった。だからこそ、「ゆとり教育」（「ゆとり」は「ゆるみ」になっていたとされた）から「確かな学力路線」への切り替えが助長された。

こうして、児美川は、教育政策は学力をコントロールする力などなく、受験システムのような制度的要因、教育産業の動向、経済状況にも依拠する家庭の教育力などの複合的な諸要因の中での社会的力学で、学力の帰趨が決まっていくと主張、教育論は「コップの中の嵐」でしかないと批判している。

★5 溝上によれば、「学校から仕事・社会へのトランジション」（transition from school to work / social life）は二つのトランジションをまとめたものであり、一つは、生徒・学生の学卒後の職業生活への移行を問題とする「学校から仕事へのトランジション」(school-to-work transition) であり、もう一つは、社会的・発達的に（青年期から）大人への移行を問題とする「(青年期から）成人期へのトランジション」(transition to adulthood) である（溝上 2017)。

★6 第1章註7も参照。

★7 「メリトクラシー」とは「業績主義」のことで、努力すれば社会的地位を獲得できる近代的原理。「属性主義」との対概念。これに対し、「ハイパー・メリトクラシー」は、ポスト近代社会において、意欲やコミュニケーション能力が求められることで、本人の努力だけでは到達できず、家庭の文化資本等がより影響すること、近代的原理としての平等性が確保できないことが指摘されている。

★8 「ワークファースト」政策への批判に対し、両者の間をとったのが、イギリスの「第三の道」であった。多くの長期失業者に悩んだイギリスでは、炭鉱町出身のブレアが福祉抑制のために就労圧力をかけるだけでなく、「アクティベーション」に倣って就労支援としての教育支援政策を充実させ、それは失業者の減少と再就職の成功を導いてきたとされていた。

しかし昨今、ブレア政権時の「第三の道」政策の検証が始まっており、本当に失業者は減ったのかの検証が行われている。また、結局「第三の道」はネオリベラリズム的な排除の側面を有していたのではないかという批判が起こっている。「第三の道」において、再分配を通じた貧困家庭の環境改善ではなく知能増進プログラムや親への認知的・社会的スキルトレーニング等、心理学やプロファイリングを通じた予防技術を用いたため、むしろ規範化と社会排除を促進したと批判されているのである。「アクティベーション」は普遍的な収入保障と高レベルの社会サービスに支えられてきた。それに対し、イギリスのように人的資本形成のみに特化しようとすれば、「アクティベーション」ではなく「ワークファースト」に近づくとされる（仁平 2015)。

★9　松下の「ディープ・アクティブラーニング」の議論も、アクティブラーニングが表層的な現場主義と混同されがちな点を、能動的学修の構造に立ち返って考察しているものである。

第4章　浮遊する組織を埋める「ストーリーテリング」

★1　『もしドラ』の著者岩崎夏海は、これまでチーム作業でなく一人で仕事をすることが多かったので、ドラッカーを読んでいたわけではなかったという。オンラインゲーム（『ファイナルファンタジーXI』）で一八名を束ねるリーダー役を務めた時に参加者をうまく使いこなせず、同じようにゲームプレーしている人のブログでドラッカーを組織運営に生かしていると知り、ドラッカーを読んでゲームの運営もうまくいくようになった（岩崎 2010）。

なお、『もしドラ』夏の感想文コンテストでは、「『もしドラ』を読んで私が取り組んだこと」「『もしドラ』を読んで、私がこれから取り組みたいこと」を『もしドラ』を読んでの感想」と共に募集した。

また、この本のブームを牽引したのは、これまでマネジメント論に興味をもたなかった若い世代の読者だという。一〇‐二〇代で三三パーセント、三〇代を含めると六割近い数字となる。「よかった」「上司に読ませたい」といったツイッターでの読者の声が寄せられた。働く世代の中心である四〇代は少なく、五〇歳以上で一七・九パーセント。また女性が四五パーセントで、パート先やPTAなどでの人間関係に切実さを抱え、生かしたいとした（『月刊ボス』2010.6）。

★2　本書序章で述べたように、メダ（Méda, 1995）は、「労働は、自己実現に務める諸個人が自己目的として追求する目的として出現したのではない」と述べる。労働は初めから手段であり、効率性の論理に従っていた。目的が決定されればその目的を達成するための単なる手段として労働を使う、という

★3

道具的合理主義の発達が資本主義をもたらし、また資本主義は道具的合理主義の発達を促進している。ルイ・ブランやマルクスは、連合した生産者による生産手段や労働組織の所有から労働の解放へという理解しがたい飛躍をしてしまった。労働を自律的なものにするために賃労働関係を廃止すればそれでこと足りるというわけではないと指摘し、労働を自己実現と直結させる議論を批判している。

昨今企業はポーターの「競争優位論」の経営戦略論に見られるように、変化が激しく競争の激しい環境において、市場における優位、他者との差異化に着目している。楠木建（2010）はそんな中、「ベストプラクティスに学べ」の従来の戦略は、結局同質的な競争へ企業をドライブしていくだけでなく、安易なベストプラクティスの導入が戦略プラクティスの一貫性を破壊してしまうと批判する。他者との先行性や専有性ではすぐ真似され、変化の激しい現在では、容易な目先の戦略論は持続的優位とはならない。これに対し、一見非合理だが「部分の合理性」から「全体の合理性」を引き出す「ストーリー」をもつ戦略が成功している。従業員三〇人以下の小規模オフィスの事務員が事務商品を買いに行く不便という「ストーリー」に着目した「アスクル」（切れた消耗品をすぐ買いに行かなくても「明日来る」）、「中古本のコンビニ」から「捨てない人のためのリユース生活のインフラ」をコンセプト（ストーリー）としたブックオフ等々。「部分的合理性」vs.「全体的合理性」は、「道具的合理性」vs.「実質的合理性」（ウェーバー）と呼応し、流動性の激しさと技術のキャッチアップの早さという時代的条件が「全体的合理性」の優位を導いている。

しかし楠木の評価する「全体的合理性」-「実質的合理性」は結局経済的領域内部におけるものにすぎないだろう。経済的利益という「部分的合理性」-「道具的合理性」に対し、社会的利益という「全体的合理性」-「実質的合理性」が考慮されるべきである（例えばローコストだとされた海底油田開発の、事故リスクによるハイコスト等）。

★4　ジョブズはリード大学を中退。

★5　リアリティショーについては樫村（2009a）参照。

★6　この新しいスターシステムは、ドラッカーのイノベーションスタイルと呼応するものであり、競争システムは、オーディエンスたちが行っていた実践を商品に取り入れたものである。AKB48は「会いに行けるアイドルシステム」として握手会を行うなど（握手券のためにCDを一〇〇枚買うような倒錯的行為も起こっている）、顧客からのフィードバックにさらしたスターシステムだったが、そのフィードバックにより取り入れられたのが競争システムだった。ファンの間でメンバーをランクづけるAKB48ソートがすでに存在していたが、それを採用して選抜総選挙を行い、ファンを驚かせた。

★7　その他、みなみの親友・夕紀は大島優子がモデルで、ダンスの面でも病気になるようなぎりぎりのところまで自分を追い込み、ばったりと倒れる点を参照しており、夕紀の後輩・文乃は渡辺麻友がモデルで、負けず嫌いなのにおどおどした点を参照したとする（http://www.cyzo.com）。

★8　『資本主義の新しい精神』でボルタンスキとシャペロ（Boltanski et Chiapello, 1999）は、現代の資本主義を牽引しているイデオロギーとしてのマネジメント言説を分析しているが、彼らの研究は一九九〇年で終わっている。「ストーリーテリング」は一九九〇年代以降の現象のため、彼らの研究には登場しないとサルモンは指摘する。また、一九八〇年の初めから「マネージャー」「リーダー」「コーチ」「ストーリーテラー」へとマネジメントにおけるアクターの姿が変わってきたとする。なお『資本主義の新しい精神』については、樫村（2006）も参照。

★9　なおマネジメント・イデオロギー批判については、*Empan* 六一号（2006）が「マネジメントとマネジメント・イデオロギー」、*Connexions* 九一号が「マネジメントと社会的コントロール」（2009）、*Science Humaines* 一五八号（2005）が「新しい労働の支配形式」、一六五号（2005）が「コーチング

について の調査」の特集を組んでいる。
★10 ドゥ・ゴルジャックは、ここでミシェル・アルベールの有名な言を引いている。「企業にとって失業は問題ではなく解決である」。
★11 社会的な交換が象徴的なものを介さなくなってきたことについては、ラカンの「資本主義の言説」による指摘、メルマンの「新しい心理経済」の指摘がある。詳しくは樫村(2009a)参照。
★12 金子勝(金子・山口 2009)は、市場原理で世界はフラットになるはずだったのに世界の名だたる金融機関は次々国有化され「金融立国」のモデルとなった五つの投資銀行もすべて消えたことを指摘する。銀行信用が潰れたので国家をバックにした信用が市場を回しており、市場原理と反対のことが起きていると批判する。柄谷行人(2009)は大学の民営化とは実は国営化であり、これまでの大学は国立大学でも自治があり一種封建的な中間勢力であったと指摘している。
★13 ミレールによる批判等詳しくは樫村(2009a)参照。
★14 河野高志(2007)は、ケアマネジメントは、アメリカとイギリスで精神病院の縮小と地域ケアへの移行時に機関間調査役として始まり、直接的サービスを行うソーシャルワークと協働してきたが、日本では、介護保険に見られるように、サービスを管理・調整するだけで(サービス費用を予算内におさめることが第一義)、ソーシャルワークから切り離されてきたと指摘している。こうして福祉におけるマネジメントのスタートは予算や資源管理であり、とりわけ日本ではそれに特化した。
★15 経営と社会、社会学との関係についてはMetzger et al. dir.(2008)で総括的に検討している。また、人的資本論についての社会学的批判として、リースほかの議論がある(Rees et al., 2012)。
★16 交流分析やシステム理論など関係やコミュニケーションに焦点化するものが多く、交流分析などは日本の企業研修でもよく使用されるものである。NLPは防衛を解くものとして使われているようである。

★17 マネジメントの心理学化について、ビュスカット（Buscatto, 2006）は、保険会社のメルキュールにおけるマネジメントの心理学化の事例を挙げ批判している。ビュスカットによれば、メルキュールでは管理者も雇用者も、現在の成功と潜在的成功と個人的能力によって説明される心理学的診断を共有する。特性、才能、フィーリング、パーソナリティ、生得的なものなどの用語を使用し、管理者は行動の原因をこれらで説明する。この心理学的診断によって雇用者は二つのグループ（「未来のない層」と「潜在的可能性をもつ層」）に分けられ、同じ仕事をこなすが、区別され、それは正当化されている。出世コースの方に行きたいなら、その才能や能力を「心理学的に」示さなくてはならないのである。

★18 カナダの子育てコーチの例では、親たちに対抗意識があるので、子育てについてのアドバイスを受けづらくコーチに頼るという要因も指摘されている。こうしてコーチングの導入は職場や地域での人間関係の変容と相関がある（『ニューズウィーク』2010. 7. 14）。

★19 ここでももちろん企業は利益集団ゆえ、役割が明確化され制度化されるとその組織が抑圧的でなくなるというわけではない。しかし社会学（クロジェらの組織社会学）が示すように、オフィシャル‐制度的な組織の隙間には、ノンオフィシャルな遊びや裏戦略、対抗戦略が存在する。これに対し、現在のように役割や制度の解体した管理‐支配（ジジェクのいう母親的超自我による支配）においては、労働者は燃え尽きて過労死してしまう前にうつ（その中には逃走型とか解離的・分裂的とされる新型うつも含まれるだろう）になるしか逃げ道がない。

★20 デュジャリエ（Dujarier, 2006）は、労働における、現実（限界）の否認と「全能」の規定（労働における抽象的な「理想」という規定）についての問題を指摘している。消費者へのサービスと直結し、

「理想」が正常化し、仕事は際限のないものとなり、同僚との関係は「理想」をめぐる競争以外にはないため、連帯は失われるとする。

第5章　日本社会におけるマネジメント・イデオロギー

★1　しかしここでそもそもウェーバー、ボルタンスキらが指摘するように、理念（イデオロギー）と現実の落差にこそ、「プロ倫」や六八年イデオロギーに見られるとおり、社会変容を促すイデオロギーの作用（想像的作用、移行空間としての機能）が存在するのであり、社会学的／精神分析学的には、この点を分析する必要がある。そしてボルタンスキらが指摘するように、現在は、人々を共同性、社会性へと向かわせる「資本主義の新しい精神」が枯渇している。

第6章　生活保護における「制度的逆転移」と「恥」からの回復

★1　研究者によって多少の差異はあるものの、生活保護行政とそれに対応する運動の歴史区分はだいたい定まっており、行政の「適正化」期とその時代背景に呼応する運動を中心に記述している。

小川政亮（2007）は、生活保護裁判から生存権保障運動の流れを区分し、生活保護行政における生存権侵害の実態を告発している。

第一次「適正化」期（一九五四‐五六年）は、医療扶助の結核関係費を中心とする引き締めを図った時期であり、この時期、同時に朝日訴訟の原告である朝日茂が「最低限度の生活」を求めて不服申し立てを行った。第二次「適正化」期（一九六四‐六六年）は、産炭地域等の特定地域において保護率が急増し、失業問題と併せて稼動年齢に対する保護の引き締めがなされた時期である。第三次「適正化」期（一九八一‐九三年）は、暴力団による不正受給への対策と第二次臨時行政調査会による財政面での高率補助の見直しにより「一二三号通知」による徹底した管理・統制システムが構築された時期である。特に第二次臨調から始まる行政によって職員の不充足と非専門職化が強いられた。

★2 多くの研究者は「適正化」をカギ括弧付きで記述する。というのも、適正化というなら「漏給」（必要な人がもらえてないこと）と「濫給」（もらうべきでない人がもらっていること）の両方が是正される必要があるのに、前者ではなく後者だけが重点的に行われてきたため、適正とはいえないからである。

★3 しかし副田の問題意識を展開するための、八〇年代に保護率の極度の低下を放置したことを分析しうる行政の内部資料は欠けていた（保坂（1996）参照）。

★4 なお、副田の生活保護研究については多くの書評や合評会で概ね高い評価がされたが、生存権思想の高揚（ののち衰弱したことを副田は全体として指摘）を担ったのは朝日訴訟だとする「運動論的立場」を批判したことについては、朝日訴訟の歴史的意義を十分評価していないとして、井上英夫が副田の研究を「官房社会学」であると指摘するなど（田多英範ほかからも）批判もあった（山田（1997）参照）。

一方で副田は、のちの『福祉社会学宣言』（2008）で、社会学が社会福祉研究にどのように寄与できるのかというテーマに真正面から取り組み、その一つとして、「福祉川柳」事件（一九九三年に生活保護を担当する職員などで構成された「公的扶助研究全国連絡会」の機関誌で、生活保護担当職員などの川柳を掲載したが、その内容が生活保護利用者への悪感情をうたったものもあり、批判を受けた事件）について、その発表のしかたには問題はあったが（例えば当事者の川柳と両方比べるなどの工夫の可能性があった）、そこに表れた社会的リアリティそのもの、例えばケースワーカーの感情労働の質や構造の特異性を挙げて福祉制度の矛盾を分析し研究する可能性を論じている。

★5 なお清水浩一（2003）は、生活保護制度における人権侵害の原因を経済給付業務とケースワーク業務を同じケースワーカーが行うことにあると見て、ケースワーク業務を独立型社会福祉士にアウトソーシングして経済給付を社会手当化する「分離論」を主張する。一方、吉永純（2004）は、両者を分ければ、「迅速性に欠け、効率的でなく、実効性にも問題が生じる」と現行の一体論を主張している。清水はこれに対し、経済給付の過程で差別とパターナリズムが生まれており、そうした上下関係を前提としてケースワーク業務が変質すると批判する。

★6 翌年の代々木の公設派遣村についての報道は、前年の日々谷と比べ、途中から報道が当事者へのバッシングに変わってきたことを水島（2008b）は指摘している。また山田壮志郎も貧困報道の転機をこの時期に見ている（聞き取りによる）。

それでも、今回のバッシング事件で、バッシングを批判的に冷静に考察しようとする良心的な報道もないわけではなく、とりわけ地方のメディアでは比較的マイルドな報道が行われたのではないかと「生存権裁判を支援する全国連絡会」会長井上英夫は述べた（二〇一二年六月二四日、「生存権裁判を支援する愛知県連絡会発足総会」での聞き取りによる）。地方の新聞記者やテレビ報道記者は、地方の貧困現場を取材する機会をもち、現実の貧困現場がどのようなものかを実際に知っているからである（そして危惧されるのは、現在のマスコミの経営危機によって、この地方の現場ジャーナリズムの基盤も失われつつあることである）。

★7 バウマン（Bauman, 1998）はこれを「労働予備軍」から「新しい貧困／余剰／人間廃棄物」への変化として指摘した。

★8 ヤング（Young, 2007）は、自律的な貧困の文化や共同体がなくなって文化の破綻が起きてきているとする文化還元主義者が、それゆえＵＣはアイデンティティ破綻を起こし労働規範を内化していないと規定するが、実際にはゲットーにはアメリカンドリームとブランドへの欲望が溢れているとする。

★9

また保護受給者は、少しずつ社会参加していけるように受給者のペースを守らせてほしいと述べている。型にはめよう、就労させようと強制されるのは、生活保護ではなく、刑事政策の中にある保護観察に近いと述べる（生活保護利用者 2012）。

★10

また竹内洋は、江戸時代の身分社会に呼応する分限思想（倹約、宿命、忍従、諦め）に対して、明治期に『学問のすゝめ』等で「勉強しなければ貧賤になる」という零落の不安をもとに、社会ダーウィニズム的・日本的立身出世主義が生まれ、勉強は「勤勉」の意味と重なっていたとする。日本人の心の習慣としての「ガンバリズム」がこうして定着していった。しかしこのガンバリズムが「外国人に笑われまい」とするナショナリズムと結合していたとすれば、ある種の集団規範にもなっていると考えられる。それゆえガンバリズム＝精神主義（の美しさ）を労働＝WP規範でなく反貧困規範（の美しさ）と結合する可能性を考えることが必要である（それは日本では美学的な闘いとなる）。

★11

日本では規範が美学的な形を取りやすいのもこのせいかもしれない。反原発運動の静かさ、押さえられた情念は、原発推進派や原子力ムラが利益を求め子どもたちを無視している生き方の不正義に対し、それを恥ずかしいと思う（また豪奢な消費生活を維持することを命に優先することが美しくないという）、清貧的な感情でもある。作田のいうように、それは、むしろ孤独でありつつ連帯を可能にする感情だろう。とはいえ、池上英子（1995＝2000）は日本の名誉思想は、西洋のキリスト教の罪のようには超越的価値体系とは結びついていなかったとする。例えばサムライ規範のようにその時々の社会において独特の変化を遂げ、当該社会の権力に組み込まれてもおり、その社会の外に超え出るだけの超越的契機は弱かった。それゆえ徳川幕府は巧みに忍従などの規範を強化し、体制に組み込んでいき、それは矛盾として忠臣蔵のような事件／物語に表れた。

また、日本文化における貧困意識・差別意識の教育現場での問題として、盛満弥生（2011）は、学校における貧困層の子どもたちに対し、教員たちは、「特別扱いしない」学校文化の中で、「問題を個人化」し、学校における貧困問題を不可視化していることを指摘する。こういった文化的・社会的な多くの課題があるだろう。

★12 ここではポスト近代における専門家の倫理や中立性（感情中立性）が近代のそれとはどう異なるかを見る視点が必要だが。

第7章 「過剰正常性」という症状と精神医療の崩壊

★1 またここでは、うつ病患者の六割は女性であるということ、例えば増加するシングルマザーの育児うつ、さらには介護うつ、また主婦うつなど（サラリーマン以上に逃げ場がないのに）にはあまり光が当てられていない。

★2 一方で、うつのもつ社会的意味を再考しようとする議論もある（五木寛之・香山リカ『鬱の力』、姜尚中『悩む力』など）。またラカン派の片田珠美（2006）は、専門家の立場から抗うつ剤の依存性の危険を指摘している。

★3 多くの従業員が成果主義の前提となる評価の測定に疑問を投げかけており（立道・守島 2006）、評価主義による職場のモラル低下が指摘されている（守島 1999）。

★4 私のゼミの中国人留学生の許は、日本固有のサービス精神の行き過ぎや客によるパワハラについて調査した。それによれば、理不尽な客に従順すぎることの問題は日本の従業員も認めているが、それを受容してしまう心性が日本人にはあるとする。留学生アルバイトたちは、これを屈辱として受け取り、外傷になったり理解不能なものと指摘している。

★5 ヴェベール自身、マックのアルバイトにつく直前にグランゼコール予備校であるプレパの学生で、受験に失敗しており、バイトへののめり込みが自らの夢を補償する躁的防衛であったことをのちに認めている。もちろんそれだけではなく、マックバイト経験は、彼に自信や評価も与えたことは否めないが。

★6 二〇一三年五月に『DSM－5』が出版され、フランスでは激しい批判の嵐が起こった。米仏における精神医療／精神分析と社会の差異については、本章のエレンベルグの議論参照。

★7 最終的には新たな疾患概念を作成する戦略だと当初言われたのだが、現在では生物学的指標が連続的数量で表現されるためディメンジョンモデルを適用する妥当性と有用性は高まっている。このため診断カテゴリーを目的変数としないで、検査、画像所見と症候や予後など、さまざまなディメンジョンの相互関係を明らかにしようとする研究が多くなり、脱因果的傾向は強化されている。それを象徴し、『DSM－5』では最終的な体系作りは放棄したかのように、これまでのローマ数字からアラビア数字の記述になり、一定妥当なその時々のモデルを構成する方向（DSM 5.0, 5.1, 5.2 ...）へと傾斜している。

★8 一九六六年の米英診断プロジェクトでの両国間の診断差や一九六四年からの国際統合失調症パイロット研究等における指摘。

★9 そもそもグループに照準する疫学の論理と、個人に照準する精神病理学の論理に対立があるとされる（Corcos, 2011）。

★10 アメリカ自我心理学そのものが、フロイトの第一局所論から第二局所論への変更において「無意識」を排除していた。これに対し、ラカンは、第一局所論と第二局所論は併存すること、無意識はエスと同じものではないことを指摘していた（King, 2013）。ラカンは、アメリカ自我心理学において、「欲望」は、単なる「要求」に還元されていたと批判する（Lacan, 1966）。

★11 さらには同時にアメリカ精神医学界で父となっていた精神分析（ラカンが「自我心理学」と批判した）を去勢した。

なお、第二次大戦後、財政上の理由により、大学病院勤務の精神分析医の個人診察による収入を大学の財源として徴収したため、それを不服とした精神分析医が多く開業するため退職し、残った身体医学モデルに基づいた精神疾患の研究を専攻した、数少ないワシントン大学の医師たちが、DSM-IIIの診断基準のモデルを開発したとされる。

また、DSMの方法論は、患者と関連するデータではなく、精神科医たちの意見のデータの集積である点で非科学的であると批判されている。このような見せかけの民主主義的な方法は科学の歴史には今までなかったことである。コンセンサスという言葉によって正当性を付与されており、ポピュラリティに基づくもので、科学的な有効性をもたないと批判されている（Aguerre et al., 2011）。ここに見られるのは、まさしく下河辺の指摘する、科学的倒錯に結合する父殺しの情熱であり、昨今激しく批判されている「無知のポピュリズム」である。

★12 アイヒマンの「凡庸な悪」としての従属はその例だとし、ディ・ヴィトリオは、ナチ時代の医学の、「科学的合理性」に奉仕する非人間的で倒錯的な傾向が現在、時代を超えて生き延びようとしていると指摘する。ル・ゴフ（Le Goff, 2002）も同様の議論を行い、ドゥ・ジュールの「悪の凡庸化」について指摘している。

★13 加藤敏（2012）は、『DSM-5』（執筆時においてはドラフトを参照）における「正常」は、現代社会で模範とされる理想的なパーソナリティを尺度にして規定されており、極めて高いレベルの価値規範に基づくとし、大多数の凡庸な人-神経症者は「軽度のパーソナリティ障碍」と診断され、正常な人は極めて少なくなるだろうと予測している。むしろ「過剰正常性」において問題が生じる可能性（例えば職場では「正常」であり問題がなくても、家庭で問題があるケースなども含め）を指摘する。さらにこのスケールが一人歩きして、入社試験の人物評価などで使用される懸念も表明している。

★14 坂口幸弘（2013）は『ＤＳＭ‐５』における「悲嘆の医学化」を懸念し、死別を経験した人の正常な悲嘆が精神疾患化される可能性を批判している。具体的には、『ＤＳＭ‐５』への改訂の中でなされた「『死別除外基準』の削除」について、早ければ死別から二週間でＭＤＥ（major depressive episode 大うつ病エピソード）と診断される可能性が開かれることを指摘している。また悲嘆の一部が医学的介入の対象になることで、非専門職による支援体制が脆弱化するのではないかと述べる。

　また、ビルマンらは、ここでは、医療のディスクールは倫理ではなくモラル（道徳）に向かうものとなると批判する（Birman et al., 2013）。精神分析において倫理は特別な意味をもち、アンティゴネーについて論じられたように、世俗的な道徳を超えた上位の規範を指す。

★15 なおこれらエレンベルグの議論は、ロベール・カステルの議論に負ってこれを展開したものである。ロベール・カステルによるエレンベルグの議論の評価と批判については、Castel R. (2010) 参照。

★16 象徴的な文化や文明の解体を分析・批判する点で、フランスでは、ある種の「動物化」批判、「野蛮」論、新「人格」「社会」論が、社会学、精神分析の領域に限らず多く登場している（ラカン派では、「普通精神病」や「資本主義のディスクール」等々）。

　ここで、精神分析が提示するように、人間にとって「自然」状態はないので、それは「動物化」「自然化」言説／イデオロギーの批判でもある。

★17 なお、精神分析に造詣のあったフランセス（ＤＳＭ‐Ⅳの責任者となる）は、ＤＳＭ‐Ⅲ作成の責任者ロバート・スピッツァーに、ＤＳＭ‐Ⅲに「マゾヒスティック・パーソナリティ障害」を載せることを提案したが、彼は「あらゆる精神障害はそもそも自己敗北的だ」として拒否したという（Frances, 2013）。

また、「マゾヒスティック・パーソナリティ障害」が当時のアメリカのフェミニズム運動において強く批判された経緯については、Kutchins & Kirk (1997) 参照。

★18 精神疾患が労働現場での問題と繋がっている、組織のソーシャルワークの現場では、「心理社会的リスク」（risques psychosociaux）という予防概念の登場がフランスで激しい批判を引き起こした。とりわけこのような予防概念は、当事者の置かれた現場を予め予定調和的に設定し、起こりうる不確定な問題を最初から排除していると批判された（*Psychsociologie* 10 の特集「«Risques psychosociaux», une nouvelle catégorie sociale?」等）。

★19 なお、子どもの虐待の専門家である杉山登志郎ほか（2014）は、DSMとアメリカ精神医学会における、子育て不全問題についての無視の傾向を指摘し、医療システムの問題が背後にあるのではないかと推測している。

★20 なお、日本の精神医学、精神医療におけるDSMの影響については、牛島定信（2011）および飯森眞喜雄ほか（2011）が詳しい。アメリカ精神医学を拒み続けた日本精神医学が、反精神医学の時代にそれを受け入れていった背景、ある種民主的な操作診断による功と罪、医師教育やコメディカル（医師と協同して業務を行う医療従事者）との関係など詳しく提示されており、DSMに見られる統計的発想と精神医学の特殊な関係が指摘されている。

あとがき

この本の出版の由来は、編集者の渡辺和貴さんが、「なぜ今労働がこれだけ苦しいのか」というテーマで一冊を書くことを依頼されたことにある。

これまで『現代思想』に、マネジメントや心理的主体の構成と管理、社会病理、教育、若者の症状等のテーマで書いてきた私に対し、それらのテーマを統合する枠として、渡辺さんの問題意識である「労働」が付加されたものがこの本の構成である。

私のように、学部時代は文学部（近現代日本文学を研究）で、文学といえばアンチ社会的な領域だと自認もしていた者にとっては、生きづらいというよりデフォルトとして社会とは相容れづらく（確信犯な分、精神的には居直っていて強かったかも。さらには、「雇用均等法以前」という女子にとってもきつい環境だったたか。つまり私は最初から「規格外」だった。なので文系女子にとって進路は教員くらいしかなかった）、いまいち、労働というテーマはピンと来なかった。が、先に見たように、前世代の雇用労働社会が安定的にあった社会が崩れたことによる困難が現代社会にあることを、若い世代の彼から実感を通して突きつけられていると感じた。

この本のちょうど執筆時、四 - 六月にTBS系列のドラマ番組『わたし、定時で帰ります。』が放映されており（私は遡及的に後でまとめて見たのだけれど）、朱野帰子の原作小説にもとづくタイトルと内容そのものが現代を反映していた。定時に帰るためにこそ効率のいい働き方をする主人公のあり方は、「働き方改革」の原理そのものによっているが、それが当然労働強化をもたらしていることは、彼女が締め切り業務を終えることができなくなって残業をし始めた中で疲労を誘発して明らかとなった。また、部長は、会社のサバイバルのために安くて納期のきつい仕事を取り、この会社が方針としてワークライフバランスを掲げていても、それが保てなくなる事態が市場と環境には転がっていることも示されていた。「定時に帰る」ことは、仕事の条件そのものを管理する必要性をもち、チームで死守すべきことであることが描かれる。現代における働くことのきつさ、生きづらさを、働くことの健康や幸福を守ることの希少性によって示していたともいえる。

本の冒頭に書いたように、私自身の「労働と社会」テーマと関係する関心は、フランスのプレカリテ問題を起点としたプレカリテ社会およびネオリベラリズム社会における分析で、「第三の資本主義の精神」が示す、ヒエラルキーを廃す水平的・ネットワーク的関係、グローバルな社会での移動自由な主体と社会という思想や社会設計上の、主体や社会についての思考において欠けているものの、人間がもともとは非対称な関係（ケア関係）のもとで構成され、言語や文化も他者から与えられ、他者を媒介に言語や文化と接続する時に、身体や感情とそれをケアしている生活世界が重要であるという認識、新しい社会の構築が、ケアを可能にしている生活世界を知らずして解体してしまう危険性にあった（前著の『ネオリベラリズムの精神分析』（光文社新書、二〇〇七年）や『臨床社会学ならこう考える』（青土社、二〇〇九年））。本書は、その後、二〇一〇年から今日まで、再帰的な社会が労働においてより過酷さを見せる中で、そこから排除される若者、生活困窮者、障害者、精神疾患者たちの精神分析的な心的構造と社会との関係（同時に生活世界の解体）を考察してきたものをもとに構成した。また、労働‐マネジメントのイデオロギーそのものの困難（資本主義の精神の欠如または病理）や、教育から労働への移行‐トランジションの危機と再編成について考察した。

本書のそれぞれの章の初出は以下である。

序　章　「現代社会における「働くこと」」。書き下ろし。

第1章　「『何者』と「就活デモ」を結ぶ線」『現代思想』二〇一三年四月号（特集＝就活のリアル）、青土社。

第2章　「コミュニケーション社会における、「コミュ障」文化という居場所」『現代思想』二〇一七年八月号（特集＝「コミュ障」の時代）、青土社。

第3章　「教育から労働および社会への「トランジション」」。書き下ろし。現在、愛知大学学長補佐（「内部質保証・学修評価の可視化」担当）として、この間、格闘してきたテーマを核に、これまでも考察してきた教育問題（特にフィンランドモデル問題再考等）も含めて論じた。

第4章「『もしドラ』のストーリーテリングとマネジメントの社会学／精神分析学」『現代思想』二〇一〇年八月号（特集＝ドラッカー）、青土社。

第5章「ネオリベラリズム社会におけるマネジメント・イデオロギー」。二〇一五年日本学術会議社会学委員会と社会学系コンソーシアムが行ったシンポジウム「現代の雇用危機を考える」での報告をもとに『学術の動向』二〇一五年九月号（日本学術協力財団）に寄稿したもの。

第6章「生活保護における「制度的逆転移」と「恥」からの回復」『現代思想』二〇一二年九月号（特集＝生活保護のリアル）、青土社。

第7章「ネオリベ社会におけるうつ――「自分であること（軽躁）への疲れ」とマゾヒズム幻想」『現代思想』二〇一一年二月号（特集＝うつ病新論）、青土社。
「ネオ精神医学」を生み出した「トロイの木馬」：ＤＳＭ――アメリカにおける父殺しと科学への倒錯」『現代思想』二〇一四年六月号（特集＝ポスト・ビッグデータと統計学の時代）、青土社。

上記の初出データに示すように、古くは二〇一〇年から、二〇一七年までの幅をもった論考ゆえ、全体と各部の冒頭に、現在の観点からの論考を付け加えた。また、本文についても加筆を行った。

私自身の分析の枠組みが未来を射程にしてきたものであるゆえに、ここでの考察は今でも有効であると思われる。が、生活世界やその自明性の解体の速度は予想以上に速く、「自閉症学」や教育の変化等、より問題は先鋭化し、社会分析の土俵についてはすでに次のステージに移っていると思われる。

精神分析理論からモビリティ・スタディーズをジョン・アーリとの共著で考察している、社会学者アンソニー・エリオットなどは、モビリティ（移動性）を主軸とする社会においてすでに考察を進めて、これまでの定住とは異なる社会生活を分析し、そこでは、主体のアイデンティティ不安が起こりやすいこと、家族や親密性の新しいあり方が展開されることを考察している。私のこれまでの立場は、ギデンズやバウマンと同様、排除される側の病理から中核社会を問い直すものだったが、それでは現在間に合わないこと、エリオットのように、社会学そのものを再編成していく必要性を感じている。

また本書がこの意味で書ききれなかったもう一つのテーマは、フェミニズムが問題にしてきたような、ケア労働とシャドウ・ワーク、再生産等の問題であった。

なかなか作業が進まず、渡辺さんにご迷惑をおかけしたことをお詫びすると共に、温かく支え続けてくださったことに、また広い教養と鋭い問題意識をおもちの渡辺さんとの会話がいつも楽しくて、ご一緒させていただいたことに感謝したいと思います。また、これらの論考を書くきっかけを与えてくださった、もと『現代思想』編集部の押川淳さん（現在、岩波書店勤務）に感謝の意を伝えたいと思います。また、再録をさせて下さった、青土社、日本学術協力財団にお礼申し上げます。そして、この著書を、昨年亡くなった母と、元気で私を見守ってくれている父に捧げたいと思います。

樫村愛子

二〇一九年八月十四日　豊橋にて

参考文献

Aflalo, Agnès, 2009, L'évaluation: un nouveau scientisme, *Cités* 37

Aguerre, J.-C. et al., 2011, *Le manifeste pour en finir avec le carcan du DSM*, érés

Ansermet, F., 2012, Les promesses du DSM V, *Mental* 27/28

青木紀、2010、『現代日本の貧困観』明石書店

Anzieu, D.,1971, L'illusion groupale, *Nouvelle revue de psychanalyse*, n° 4

Arendt, H., 1951, *The Origin of Totalitarianism*, Harcourt, Brace and Co.

Ariès, P., 1997, *Les fils de Mcdo*, L'Harmattan

朝井リョウ、2012a、『何者』新潮社

――――、2012b、『学生時代にやらなくてもいい 20 のこと』文藝春秋

――――、2013、「なぜ僕たちは『就活』におびえるか」『中央公論』2 月号

朝井リョウ・古市憲寿、2013、「対談『就活』という窓から見えるもの」『新潮 45』1 月号

Bassols, M., 2011, «Il n'y a pas de science du réel», *Mental* 25

Bauman, Zygmunt, 1998, *Work, Consumerism and the New Poor*, Open University Press = 2008、『新しい貧困――労働、消費主義、ニュープア』伊藤茂訳、青土社

Beck, U., Wolfgang, B. und Christoph, L., 2001, *Theorie reflexiver Modernisierng*, Beck U. und Wolfgang B. (eds.), *Die Modernisierung der Moderne*, Suhrkamp Verlag

Birman, J. et Hoffmann C., 2013, Le sujet en éxces dans la biopolitique, *Topique* 123

Boltanski, L., Chiapello, È., 1999, *Le nouvel esprit du capitalisme*, Gallimard

Brasseur, M., 2005, Les léçons du coaching pour le management par la qualité, *Humanisme et Entreprise* avril 2005

Brunel, V., 2004, *Les managers de l'âme*, La Décourverte

Buscatto, M., 2001, Gérer les ressources humaines dans l'assurance. Fauss indi-

viduation, «vraie» psychologisation, Maugeri S. dir., *Délit de gestion*, La Dispute

———, 2006, Des hiérarchies intermédiaires sous le signe de la «psychologisation social», *Empan* n° 61

Castel, Pierre-Henri, 2012, *La Fin des coupables vol 2*, Ithaque

———, 2014, La psychanalyse comme «fait moral total», *Critique* 802

Castel, Robert, 1999, *Les métamorphoses de la question sociale: une chronique du salariat* ,Fayard

———, 2010, L'autonomie, aspiration ou condition?, *La vie des Idées* 30 mars

Chiapello, È., 2008, Etudier les actes de gestion en les reliant aux caracteristiques institutionnelles des systemes économiques, Metzger J.-L. et al. dir., *Gestion et société*, L'Harmattan

Christaki, Angélique, 2013, Outils diagonostiques dans le monde contemporain, *Topique* 123

中央教育審議会、2008、『学士課程教育の構築に向けて（答申）』

Clot, Y., 2005, Le coaching ne saurait constituer un substitut au dialogue collectif, *Science Humaines* n° 165

Corcos, Maurice, 2011, *L'homme selon le DSM: le nouvel ordre psychiatrique*, Albin Michel

Dardot, P. et Laval C., 2009, *La Nouvelle Raison du Monde*, La Découverte

de Gaulejac, V., 1996, *Les souorces de la honte*, Desclée de brouwer

———, 2005, *La société malade de la gestion*, Seuil

———, 2006, La part maudite du management: l'idéologie gestionnaire, *Empan* n° 61

de Gaulejac, V. et Taboada-Léonetti, I. ed., 1994, *La lutte des places*, Desclée de brouwer

Demazeux, Steeves, 2013, *Qu'est-ce que le DSM?*, Itaque

Di Vittorio, P., 2013, Au-del à du normal et de l'anormal: hypotheses sur l'homme néoliberal, *Essaim* 31

土井隆義、2014、「AKB48の躁、初音ミクの鬱――コミュ力至上主義の光と影」『社会学ジャーナル』39

Dostaler, G. et Maris B., 2009, *Capitalisme et Plusion de Mort*, Albin Michel = 2017『資本主義と死の欲動』斉藤日出治訳、藤原書店

Dujarier, Marie-Anne, 2006, *L'idéal au travail Broché*, PUF
———, 2008, *Le travail de consommateur*, la Découverte
———, 2015, *Le management désincarné: Enquête sur les nouveaux cadres du travail*, La Découverte
Dumont, L., 1985, *Homo aequalis I: Genèse et épanouissement de l'idéologie économique*, Gallimard
Ehrenberg, Alain, 1998, *La fatigue d'être soi: Dépression et société*, Odile Jacob
———, 2010, *La société du malaise*, Odile Jacob
———, 2014, Santé mental: l'utonomie est-elle un malheur collectif?, *Esprit* 402
Enriquez, E., 1997, *Les jeux du pouvoir et du désir dans l'entreprise*, Desclée de Brouwer
Frances, Allen, 2013, *Saving Normal* = 2013、『〈正常〉を救え――精神医学を混乱させるDSM-5への警告』大野裕監修、講談社
藤村正之、1987、「生活保護の政策決定システムにおける組織連関」『社会学評論』37 (4)
―――、1996、「テクノクラート的リアリティの析出とその意味――書評：副田義也『生活保護制度の社会史』」『社会学評論』47 (3)
藤沢数希、2015、『ぼくは愛を証明しようと思う。』幻冬舎
深澤建次、2011、「アンダークラス概念の自己成就――実体化の危機」『埼玉大学紀要』47 (2)
福井康之、2007、『青年期の対人恐怖――自己試練の苦悩から人格成熟へ』金剛出版
『月刊ボス』2010、「担当編集者が語るドラッカー」『月刊ボス』2010年6月号
Gori, R., 2013, *Faut-il renoncer à la liberté pour être heureux?*, LLL
Gori, R., Cassin, B. et Laval, C. dir., 2009, *L'Appel des appels*, Mille et une nuits
Gori, R. et Coz, P., 2006, *L'empire des coachs*, Albin Michel
後藤昌彦、2011、「生活保護の受給要件である親族扶養義務の今日的意義」『藤女子大学紀要』48
Grob, G. N. et Horwiz, A. V., 2010, *Diagosis, Therapy and Evidence: Conundrums in Modern American medicine*, Rutgers UP
長谷川廣、1998、「人的資源管理の特質」『産業と経済』第12巻3・4号

広田照幸・吉田文・本田由紀・苅谷剛彦、2012、「個人化・グローバル化と日本の教育――解説にかえて」『グローバル化・社会変動と教育1　市場と労働の教育社会学』東京大学出版会
本田透、2005、『電波男』三才ブックス
本田由紀、2005、『日本の〈現代〉13　多元化する「能力」と日本社会――ハイパー・メリトクラシー化のなかで』NTT出版
――、2009、『教育の職業的意義――若者、学校、社会をつなぐ』ちくま新書
本田由紀・内藤朝雄・後藤和智、2006、『「ニート」って言うな！』光文社新書
Honneth, A., 1992、*Kampf um anerkennung: Zur moralischen Grammatik sozialer Konflikte*, Suhrkamp Verlag（= 2003、山本啓ほか訳『承認をめぐる闘争――社会的コンフリクトの道徳的文法』法政大学出版局）
堀江孝司、2018、「新聞報道に見る生活保護への関心――財政問題化と政治問題化」『大原社会問題研究所雑誌』719・720
保坂哲哉、1996、「書評『生活保護制度の社会史』」『季刊社会保障研究』32(2)
伊原亮司、2003、『トヨタの労働現場』桜井書店
飯森眞喜雄ほか、2011、「座談会：DSM診断体系の功罪――操作的診断は精神科臨床に何をもたらしたか」、『精神療法』37(5)
池上英子、1995＝2000、『名誉と順応』NTT出版
稲上毅・森淳二朗編、2004、『コーポレート・ガバナンスと従業員』東洋経済新報社
岩崎夏海、2009、『もし高校野球の女子マネージャーがドラッカーの『マネジメント』を読んだら』ダイヤモンド社
――、2010、「『高校野球』で読み解くドラッカー」『The Strategic Management』2010年5月号
岩田正美、2003、『社会的排除　参加の欠如・不確かな帰属』有斐閣
香川めい、2010、「自己分析を分析する」苅谷剛彦・本田由紀編『大卒就職の社会学――データから見る変化』東京大学出版会
上林憲雄、2011、「人的資源管理パラダイムと日本型人事システム」『国民経済雑誌』203(2)
金子勝・山口二郎、2009、「新自由主義の終焉」山口二郎編『ポスト新自

由主義』七つ森書館
兼松佑至、2011、「インターネット上の映像制作コミュニティにおける構造と権限のありかた——ニコニコ動画を事例としながら」（http://www012.upp.sonet.ne.jp/wanda/syuron/index.html）
柄谷行人、2009、「地方自治から世界共和国へ」山口二郎編『ポスト新自由主義』七つ森書館
苅谷剛彦、2008、『学力と階層——教育の綻びをどう修正するか』朝日新聞出版
樫田美雄、2012、「労働法学と社会学の革新を要求する『場所』としての、若者（若手）支援の現場（フィールド）——就活問題および若手研究者問題において『正当性なき権利主張をする若者』を考えながら、学問を革新しよう」『News Letter』38
樫村愛子、1998、「コミュニケーションと主体の意味作用」『ラカン派社会学入門』世織書房
———、2006、「『新しい資本主義の精神』の社会学的批判」(1) (2)『文学論叢』134 号・135 号、愛知大学文学会
———、2007a、『ネオリベラリズムの精神分析』光文社新書
———、2007b、「ポストモダン的『民意』への欲望と消費——転移空間としてのテレビにおいて上演される『現実的＝政治的なもの』」『現代思想』36–1（樫村 2009a『臨床社会学ならこう考える』青土社所収）
———、2008、「フィンランドモデルを超えるために——「境界地」／教師の欲望／ヴィゴツキー的現実界」『現代思想』36 (4)（樫村 2009a『臨床社会学ならこう考える』青土社所収）
———、2009a、『臨床社会学ならこう考える』青土社
———、2009b、「脱文化化と移行のない『移行空間』——宗教の脱文化化（無知聖人）と若者の「teuf」（飲んで騒ぐこと）の事例に見る」（樫村 2009a『臨床社会学ならこう考える』青土社所収）
———、2012、「いじめの心理学化と集団における暴力（退行）の精神分析」、『現代思想』40 (16)
片田珠美、2006、『薬でうつは治るのか？』洋泉社新書
片桐雅隆・樫村愛子、2011、「『心理学化』社会における社会と心理学／精神分析」『社会学評論』61–4
加藤敏、2010、「世界の精神医学の動向に見てとれる精神病理学の要請

――DSM-5、ICD-11に向けて」『臨床精神医学』39 (8)
――、2012、「DSM-5ドラフトにみるパーソナリティ機能の正常と異常」『臨床精神医学』41 (5)
河合隼雄、1975、「自我・羞恥・恐怖――対人恐怖症の世界から」『思想』611
経済産業省、2017、「人生100年時代の社会人基礎力」(https://www.meti.go.jp/policy/kisoryoku/index.html)
菊地英明、2001、「『不正受給』の社会学」『社会政策研究』2
――、2003、「生活保護における『母子世帯』施策の変遷――戦後補償と必要即応原則」『社会福祉学』43 (2)
King, Pamela, 2013, *L'American way of life: Lacan et les debuts de l'Ego Psychology*, Lussud
岸見一郎・古賀史健、2013、『嫌われる勇気――自己啓発の源流「アドラー」の教え』ダイヤモンド社
北村淳子、2014、「ライフサイクルの精神医療化――専制医療時代の臨床的時間」『現代思想』42 (8)
Klein, Naomi, 2009, *No Logo: Taking Aim at the Brand Bullies* (A. A. Knopf Canada, 2000). = 2001『ブランドなんか、いらない――搾取で巨大化する大企業の非情』松島聖子訳、はまの出版
河野高志、2007、「ソーシャルワークにおけるケアマネジメント・アプローチの意義」『福祉社会学研究』7
江春華、2003、「人的資源管理の生成と日本的経営」『現代社会文化研究』26
小島鐵也、2009、「ロスジェネの肖像」『ロスジェネ』3: 34
児美川孝一郎、2007、『権利としてのキャリア教育』明石書店
――、2015、『まず教育論から変えよう――5つの論争にみる、教育語りの落とし穴』太郎次郎社エディタス
――、2019、『高校教育の新しいかたち――困難と課題はどこから来て、出口はどこにあるか』泉文堂
小沼克之、2012、「就活ぶっこわせデモの総括と今後の抱負」『情況』第4期、1 (6): 146–148
厚生労働省、2007、『労働者健康状況調査』
小山新次郎、1950、『生活保護の解釈と運用』中央社会福祉協議会

Kutchins, H. & Kirk, S. A. 1992, *The Selling of DSM: The Rhetoric of Science in Psychiatry*, Walter de Gruyter

———, 1997, *Making Us Crazy: DSM-The Psychiatric Bible and the Creation of Mental Disorders* = 2002、『精神疾患はつくられる——DSM 診断の罠』高木俊介ほか訳、日本評論社

櫛部武俊、2011、「地域の資源とつながりながら取り組む釧路チャレンジ」『季刊公的扶助研究』221

楠木建、2010、『ストーリーとしての競争戦略』東洋経済

Lacan, J. 1966, Fonction et champ de la parole et du langage en psychanalyse, *Ecrits*, Seuil

———, 1975, Peut-être à Vincennes, *Autres écrits*, Seuil

Landman, Patrick, 2013, *Tristesse Business, le scandale de DSM5*, Max Milo

Laurent, Eric, 2003, Comment avaler la pilule?, *Ornicar?* 50

Le Goff, J.-P., 1996, *Les illusions du management*, La Découverte

———, 1999, *La barbarie douce*, La Décourverte

———, 2002, *La démocratie post-totalitaire*, La Décourverte = 2011、『ポスト全体主義時代の民主主義』渡名喜庸哲ほか訳、青灯社

Lister, Ruth, 2004, *Poverty*, Polity Press = 2011『貧困とはなにか』松本伊智朗監訳、明石書店

Maier, Corinne, 2004, *Bonjour paresse: De l'art et la nécessité d'en faire le moins possible en entreprise Broché*, Michalon = 2005、『怠けものよ、こんにちは』及川美枝訳、ダイヤモンド社

Mannoni, O., 1969, *Clefs pour l'imaginaire ou l'Autre Scène*, Seuil

Marazzi, Christian,1999 = 2009、『現代経済の大転換　コミュニケーションが仕事になるとき』多賀健太郎訳、青土社

松本卓也、2014、「DSM は何を排除したのか？——ラカン派精神分析と科学」『現代思想』42 (8)

松下佳代、2006、「リテラシーと学力——フィンランドと日本」『教育』10 月号

———、2014、「大学から仕事へのトランジションにおける〈新しい能力〉——その意味の相対化」溝上慎一・松下佳代編『高校・大学から仕事へのトランジション——変容する能力・アイデンティティと教育』ナカニシヤ出版

Méda, Dominique, 1995, *Le travail: un valeur en voie de disparition,* Aubier = 2000『労働社会の終焉——経済学に挑む政治哲学』若森章孝ほか訳、法政大学出版局
Metzger, J.-L., 2008, Une lecture des travaux recents en sociologie de la gestion, Metzger J.-L. et al. dir., *Gestion et société,* L'Harmattan
Metzger J.-L. et al. dir., 2008, *Gestion et société,* L'Harmattan
Miller, J. A., 2008, Semblants et sinthome, *La cause freudienne* 69
宮本光晴、2014、『日本の企業統治と雇用制度のゆくえ』ナカニシヤ出版
溝上慎一、2016、「アクティブラーニングの背景」溝上慎一編『アクティブラーニング・シリーズ 4　高等学校におけるアクティブラーニング：理論編』東信堂
——、2017、「学校から仕事・社会へのトランジションとは」(http://smizok.net/education/subpages/a00022(transition).html)
水島宏明、1990、「テレビが伝えない〈貧しさ〉」『新聞研究』468
——、2008a、「貧困報道、感情論から脱却し社会的観点からの検証を」『ジャーナリズム』222
——、2008b、「公設派遣村を報じた私たち　どこまで『事実』を伝えたのか」『ジャーナリズム』221
——、2009a、「貧困と格差をどう伝え続けるか」『世界』794
——、2009b、「直接行動に抵抗感を抱く私たち、首相邸ツアー、派遣村取材から」『ジャーナリズム』226
森由己・田中孝彦、2006、「フィンランドの高校生が語った『人生イメージ』」『教育』10 月号
盛満弥生、2011、「学校における貧困の表れとその不可視化」『教育社会学研究』第 88 集
守島基博、1999、「成果主義の浸透が職場に与える影響」『日本労働研究雑誌』474
向井雅明、2012、『考える足——「脳の時代」の精神分析』岩波書店
長光太志、2018、「アクティブラーニングが要請される社会的背景の考察」『仏教大学総合研究所紀要』25
——、2019、「アクティブラーニングが卒業時点の就業状況に及ぼす影響について」『佛教大学総合研究所紀要』26
中森明夫、2012、「中森明夫による『桐島』評」(http://together.com/li/

357060）
仲村優一、1978、『生活保護への提言』全国社会福祉協議会
中野独人、2004、『電車男』新潮社
那須野公人、2004、「生産システムの今日的意義」『経済』2004 年 9 月号
ニューズウィーク、2010、『ニューズウィーク』日本版 2010. 7. 14
仁平典宏、2015、「〈教育〉化する社会保障と社会的排除」『教育社会学研究』96 (0)
西尾彰泰、2011、「ラカン派学派から見た操作的診断の功罪——科学と真理」、『精神療法』37 (5)
野尻英一、2019、「あとがき」野尻英一ほか編『自閉症学のすすめ』ミネルヴァ書房
野村正實、1993、『熟練と分業』御茶の水書房
Oblin, N., 2009, *Sport et capitalisme de l'esprit,* éditions du croquant
小川明子、2018、「分断の時代におけるナラティヴとストーリーテリング教育——協働的デジタル・ストーリーテリング実践の事例」言語文化教育研究 16 (0)
小川政亮、2007、『小川政亮著作集 7　社会保障権と裁判』大月書店
荻上チキ、2013、「書評『何者』」『朝日中学生ウィークリー』2 月 10 日号
大久保善朗、2012、「精神科診断分類の変遷——DSM-3 以前と以後」『臨床精神医学』41 (5)
大野正和、2003、『過労死・過労自殺の心理と職場』青弓社
———、2010、『自己愛化する仕事——メランコからナルシスへ』労働調査会
大野威、2003、『リーン生産方式の労働』御茶の水書房
太田省一、2015. 11. 25、「ネット芸とはなにか、ちょっと考えてみた——とにかく明るい安村、萩本欽一、はじめしゃちょー、M. S. S project」（http://webronza.asahi.com/culture/articles/2015112400006.html）
———、2016. 4. 18、「ネット的な笑いの時代は来るのか——『PERFECT HUMAN』がウケた理由」（http://webronza.asahi.com/culture/articles/2016041400007.html）
大山典宏、2008、『生活保護 VS ワーキングプア』PHP 新書
Oury, J., 2006, Logique managérial?, *Empan* n° 61

小澤伸光、2014、「HRM とキャリア教育」『駿河台経済論集』23 (2)
Page, M. et al., 1979, *l'emprise de l'organisation*, Desclée de Brouwer
Pirlot, Gérard, 2009, *Contre l'unforme mental: scientificité de la psychanalyse face au neurocognitivisme*, Doin
Rees, G., Fevre, R., Furlong, J., Gorard, S., 2012, History, Biography and Place in the Learning Society: Towards a Sociology of Life-Long Learning, Lauder, H. et al. eds., 2012, *Education, Globalization, and Social Change*, Oxford University Press = 2012、『グローバル化・社会変動と教育 1　市場と労働の教育社会学』広田照幸ほか編訳、東京大学出版会
労働政策研究・研修機構、2004、『労働者の働く意欲と雇用管理のあり方に関する調査』
斉藤大地、2011、「革命 2.0」『はじあず』(「はじめてのあずまん - 東浩紀」の略) 1 号
斉藤日出治、2017、「〈訳者解説〉フロイトとケインズで読む資本主義の破局的危機」Dostaler, G. et Maris, B., 2009 = 2017『資本主義と死の欲動』所収
坂口幸弘、2013、「悲嘆は病気か？――DSM-5 と悲嘆の医学化への懸念」『老年社会科学』35 (3)
作田啓一、1967、『恥の文化再考』筑摩書房
――――、1993、『生成の社会学を目指して』有斐閣
Salmon, C., 2007, *Storytelling*, La Découverte
佐貫浩、2017、「『アクティブ・ラーニング』の批判的検討――真にアクティブでディープな学びの条件を考える」『生涯学習とキャリアデザイン』14 (2)
佐藤学、2000、『「学び」から逃走する子どもたち』岩波ブックレット
生活保護利用者、2012、「私たちの声をきいて下さい」『賃金と社会保障』1558
Sennett R., 1998, *Le travail sans qualités* 10/18
柴原直樹、2007、「対人恐怖症の精神力動」『近畿福祉大学紀要』8–1
柴田努、2014、「成長戦略とコーポレート・ガバナンス――日本経済の構造変化と株主価値重視経営」『唯物論研究年誌』19
渋谷望、2011、「アントレプレナーと被災者――ネオリベラリズムの権力と心理学的主体」『社会学評論』244

志賀信夫、2011、「生活保護法における『理念』と『運営』」『一橋研究』36
鹿内啓子、2014、「キャリア教育の問題点とあり方」『北星学園大学文学部北星論集』51 (2)
清水浩一、2003、「社会福祉政策と生活保護法『改正』の展望」『賃金と社会保障』1355
———、2004、「生活保護改革をめぐる論点整理」『賃金と社会保障』1369
下河辺美知子、2000、『歴史とトラウマ——記憶と忘却のメカニズム』作品社
真実一郎、2010、『サラリーマン漫画の戦後史』洋泉社新書
週刊金曜日、2017、『週刊金曜日』「“男”の呪いを自ら解け！」特集（2017年6月9日号）
副田義也、1993、『日本文化試論』新曜社
———、1995、『生活保護制度の社会史』東京大学出版会
———、1996、「自己認識の機会を与えられて」『社会学評論』47 (3)
———、2008、『福祉社会学宣言』岩波書店
Steinkoler, Manya, 2017, Mar a Logos: L'élection de Trump et les fake news, *Savoir et clinique* 23
杉山登志郎ほか、2014、「注意欠如／多動性障害」森則夫ほか『臨床家のための DSM-5 虎の巻』日本評論社
鈴木秀一、2005、「情報化と企業組織モデル——官僚制的合理性からネットワーク合理性へ」『社会学年誌』46
竹中均、2019、「社会学——自閉症から考える親密性と共同性のあいだ」野尻英一ほか編『自閉症学のすすめ』ミネルヴァ書房
滝本竜彦・大岩ケンヂ、2004–2007、『NHK にようこそ！』角川書店
田中俊英、2014. 1. 24、「『となりカフェ』（高校生居場所カフェ）がテレビドキュメンタリーに!!〜動き始めたハイティーン支援」（https://news.yahoo.co.jp/byline/tanakatoshihide/20140124-00031937）
———、2018、「ソーシャルな人々が貧困コアを隠蔽する」（http://toroo4ever.blogspot.com/2018/03/blog-post.html）
谷川ニコ、2012–、『私がモテないのはどう考えてもお前らが悪い！』スクウェア・エニックス

立道信吾・守島基博、2006、「働く人からみた成果主義」『日本労働研究雑誌』554

Tisseron, Serge, 1992, *La honte: psychanalyse d'un lien social*, Dunod = 2001『恥——社会関係の精神分析』大谷尚文ほか訳、法政大学出版局

常見陽平、2012、『「意識高い系」という病——ソーシャル時代にはびこるバカヤロー』ベスト新書

筒井美紀、2010、「キャリア教育で十分か」本田由紀編『転換期の労働と〈能力〉』大月書店

津崎克彦ほか、2008、「平成不況期の人的資源管理改革による従業員意識の個人化——市場化する雇用関係」『一橋社会科学』4

内沼幸雄、1983、『羞恥の構造』紀伊國屋書店

浦川智子、2003、「『自己分析』の帰結——就職活動に見られる『自己分析』の社会学的研究」『お茶の水女子大学人間発達研究』2003

牛島定信、2011、「DSM 診断体系の功罪」『精神療法』37 (5)

宇城輝人、2007、「労働と個人主義——ロベール・カステルの所説によせて」『VOL』2

——、2012、「働くことと雇われることのあいだ——賃労働の過去と現在」『フォーラム現代社会学』11 (0)

Weber, Hélène, 2005, *Du ketchup dans les veines*, érés

山田等、1997、「生活保護研究の最近の動向」『社会学ジャーナル』22

山田剛史、2018、「大学教育の質的転換と学生エンゲージメント」『名古屋高等教育研究』18

山本勇次、1998、「長崎県高島の炭鉱離職者の『貧困のエートス』と、その変容」江口信清編『「貧困の文化」再考』有斐閣

山登敬之、2017、「"コミュ障"を超えて」「"コミュ障"とは誰のことか」『こころの科学』191

吉田尚記、水谷緑、2016、『コミュ障は治らなくても大丈夫』メディアファクトリー

吉永純、2004、「利用者本位の生活保護改革を——福祉現場からの問題提起③」『賃金と社会保障』1365

Young, Jock, 2007, *The Vertigo of Late Modernity*, Sage Publications = 2008『後期近代の眩暈《めまい》——排除から過剰包摂へ』木下ちがや他訳、青土社

樫村愛子（かしむら・あいこ）
一九五八年生まれ。東京大学大学院人文社会系研究科社会学専攻博士課程満期退学。現在、愛知大学文学部人文社会学科社会学コース教授。専門は社会学・精神分析（ラカン派精神分析の枠組みによる現代社会・文化分析）。著書に、『「心理学化する社会」の臨床社会学』『ラカン派社会学入門――現代社会の危機における臨床社会学』（以上、世織書房）、『ネオリベラリズムの精神分析――なぜ伝統や文化が求められるのか』（光文社新書）、『臨床社会学ならこう考える――生き延びるための理論と実践』（青土社）など。

この社会で働くのはなぜ苦しいのか
――現代の労働をめぐる社会学／精神分析

二〇一九年一〇月二五日　初版第一刷印刷
二〇一九年一〇月三〇日　初版第一刷発行

著　者　樫村愛子
発行者　和田　肇
発行所　株式会社作品社
〒一〇二‐〇〇七二　東京都千代田区飯田橋二‐七‐四
電話　〇三‐三二六二‐九七五三
ファクス　〇三‐三二六二‐九七五七
振替口座　〇〇一六〇‐三‐二七一八三
ウェブサイト　http://www.sakuhinsha.com

装幀　加藤愛子（オフィスキントン）
本文組版　大友哲郎
印刷・製本　中央精版印刷株式会社
ISBN978-4-86182-776-1　C0030　Printed in Japan